沉醉

東法

阿爾薩斯・
洛林・香檳

李宗芳◎文
蕭順益◎攝影

美麗酒鄉小村，

一路走過洛林、香檳、阿爾薩斯等地區的

以及德法交界處黑森林地區，

拋卻憂慮之心，尋回愜意悠哉的日常步調。

目錄

Contents

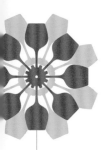

作者序　醞釀幸福美味的童話夢土

　　轉開克莉絲汀·法珀親釀的果醬瓶蓋，循著櫻桃果實的氣味，阿爾薩斯的美味時光重現在我的餐桌上。我還記得那天下午，在果醬女王開設的果醬店裡，望著五顏六色的極品果醬，上面標示著彷彿熟悉卻又陌生的法文，就像一個個我不知道的誘人密碼，阿爾薩斯是醞釀幸福美味的童話夢土，克莉絲汀的果醬魔法似乎就這樣被封在那些罐子裡。

　　品著格烏茲塔明那，看著酒杯上漢希手繪的插畫，我好像又置身在希格維爾的明媚田園風光裡，回到阿爾薩斯的愜意悠遊旅途上──初見面，晴空朗朗的午後，希格維爾戴高樂將軍街 16 號 2 樓漢希小學堂，瞧，我記得多清楚！一位孜孜不倦認真教學的在地老畫家，用他質樸生動的畫筆，繪出一幅幅溫馨可愛的畫面，更畫出對故鄉土地的熱愛。

　　這本書記錄了我和 Daniel 兩人在洛林、香檳、阿爾薩斯，以及德法交界處黑森林地區的旅行回憶，我們第一次去是十多年前，相隔十多年後再去，許多景物似乎依然未變，仍舊像初次見面時那樣深深刻印在我的腦海裡。

　　我忘不了展開雙翼在藍天漫遊翱翔的白鸛，是那麼地優雅自在！當周旋在分秒必爭的工作時間表時，我總渴望自己能有那樣一雙翅膀，美麗的弧線充滿喜悅與自由，想像它帶著我不受拘束、沒有限制、拋開牽掛，朝心之嚮往的地方飛去。

　　總是搞不清楚什麼酒莊、年份、名品的我，不懂酒，也不擅飲，卻清楚記得坐在梧桐綠蔭下或臨水河岸邊，品酒賞景的那幾個悠閒下午。長桌前，兩個人不說話，只作伴，把心安安妥妥放置在小角落裡，看白雲懶洋洋飄過餐廳的窗，聽流水潺潺從腳邊流過，是抒情，也是日常。

　　阿爾薩斯的小村莊還是我最鍾愛的，綿延弗日山間的酒鄉之路全長 100 多公里，風土條件絕佳，所產白酒品質優良，堪稱法國白酒之冠，而酒鄉路上，艾古斯漢、希伯維利、凱斯堡、尼德莫施維爾……大大小小的村鎮點綴其間，沿途開車而行，一路被葡萄園圍繞著，每一條鄉間小路彷彿都能引領你到達一個如詩如畫般的童話小村，彩色木筋屋一下子就能甦醒你的五感與精神。隨意逛逛，隨興走讀，看似尋常，其實不凡，巷弄民宅、

街坊老屋的日常生活裡往往蘊藏著美感的真功夫。

　　由於此書旅行的地理位置剛好處於德法交界處，一邊是浪漫的拉丁民族，另一邊是嚴肅的日耳曼民族，我們剛好可以藉此品嘗德法兩國混血交融的美食，例如酸菜什錦豬肉拼盤、咕咕霍夫奶油圓蛋糕、8字形紐結麵包等，又細緻又豪邁，不同的文化混血，讓此地料理顯現出獨特的風采。

　　這兩三年，恣意大膽玩色的巴黎馬卡龍，顏色漂亮，造型圓潤，深受國人喜愛，這回藉旅途之便，我們也順道前往洛林省首府南錫，去當地最知名的馬卡龍餅鋪尋根探源，解開馬卡龍的身世之謎──哇啦！原來，這款蛋白杏仁餅的原始樣貌，竟是如此簡單素樸！既然到了黑森林，當然要去品嘗最正宗的黑森林蛋糕，我們循址探路，在特里堡大街33號的糕點老鋪舍費爾，品嘗了最正宗美味的黑森林蛋糕！歷史上的機緣與巧合經常能造就美食佳話，雖然只是一個小小的發現，但我彷彿跨越時空，不僅在舌尖上留下美味記憶，也見證了飲食文化中不曾失傳的祕方，彷彿與歷史進行一次美妙對話。

　　過去一年，我的生活因為新工作的展開而忙碌，我深深相信，即便工作再忙、再累，還是要讓自己的「心境轉換」，找時間去旅行，到大自然走走，接觸不同的人事物，心情會跟著轉換，心境也會隨之開闊。藉著寫這本書，又將我朝過去的旅途推近幾分，我彷彿又再次啟程──蘭斯的微笑天使，讓人拋卻憂慮之心；月光流轉，照亮圖賓根的內卡河畔；花開有情，聞花有味，美麗繽紛的小花隨風翻飛古宅院落……我彷彿不曾離開，美麗酒鄉小村一一再現，小河洛施又將踩著舒緩的節奏，緩緩流過科瑪舊城南方……。

李宗芳

采風掠影

Local Specialties

藍天的漫遊者，
幸運的傳遞者

民宅上的創意裝飾

　　春夏之交的阿爾薩斯氣候不定，前一天才細雨綿綿，一陣激烈的冷氣團逼近，是那種會凍得瑟瑟抖的冷；第二天清早陽光一露臉，烏雲散盡，天地一片靜好，酒鄉又再次沐浴在陽光之中。

　　雖然還未到葡萄採收的季節，但那一片接一片連綿至遠方綠色山崗的葡萄園，豐盈而綺麗，青色的小果子一串串從枝條裡發亮地冒出來，彷彿向人預告幾個月後豐收的到來，詢問著：「你聞到美酒的甜香了嗎？」

　　遼闊的田野上，小村子紅色的教堂鐘塔尖尖地伸向寬廣的藍天，白雲一朵朵悠悠飄過，我突然想起捷克作家米蘭・昆德拉（Milan Kundera）在小說《緩慢》裡宣揚的悠閒生活節奏，我們的時代是個迷戀速度的時代，且不斷發明更快的速度，被自己發明的速度追著跑，早已遺忘了緩慢的滋味！看山見雲，釋放自己，我想像，假如此刻能變成藍天上的一朵閒雲，該有多好，以日月星辰為家，做一個藍天的漫遊者，從一個村莊晃蕩到另一個村莊……。

藍天的漫遊者

　　作為東法著名的白酒之鄉，阿爾薩斯每年吸引無數旅人到此品酩遊賞，自信地向世人展現獨特的風土文物、美酒美食美村之外，阿爾薩斯還有一項較為特別的事物，就是投入歐洲白鸛的保育工作，已長達 30 多年的時間。

白鸛，即一般俗稱的「送子鳥」，在歐洲流傳著，如果送子鳥落到哪戶人家的屋頂築巢，那戶人家就能喜得貴子，好運降臨。在阿爾薩斯的鄉間旅行時，常能看見村落教堂的鐘塔或一般民家煙囪搭起一座高高的平臺，那就是專為送子鳥而準備，期待牠到訪，帶來幸福好運。

　　作為一種幸運象徵的送子鳥，是阿爾薩斯地區的吉祥物，人們喜愛牠們，以其美麗身形為造型，設計成各種文創商品。一隻成熟的白鸛，體態修長，細長的脖頸上有著小巧的頭顱與細尖的朱紅色鳥喙，白色的翼尖生著黑色的鳥羽，跟鳥喙同色的雙腳也是細細長長，當牠展翅飛翔時一雙羽翼可長達 200 公分，能夠輕巧地劃過藍天，優雅地翱翔，就像一個藍天的漫遊者，御風飄蕩，從一個村落到另一個村落，悠然自在。

　　曾有一次在艾古斯漢小村，我們和白鸛有過一次相當近距離的接觸，一隻美麗的白

在村落教堂鐘塔築巢的送子鳥

送子鳥寶寶

鸛，近 4 英尺長的身軀，突然從空中飛下，朝我們龐然逼近，卻在快要碰觸到我們時，轉了個大彎，迅速遠揚，沒入高空，我興奮地喊著：「好像特別飛下來和我們打招呼呢！」

瀕危的益鳥

　　分布於歐亞大陸的白鸛，每年春天都會從遙遠的非洲飛回歐洲的鄉間築巢繁殖，牠們喜愛親近人類，在溫暖的煙囪上築巢，到農地上捕食，以青蛙、小蛇或昆蟲為食，被視為農地上的益鳥。根據蒐集到的資料得知，遠自 16 世紀時，就有白鸛補食農地上的蝗蟲，消滅蝗災的記載。19 世紀中葉，俄國基輔地區曾經發生一次嚴重的蝗蟲災害，當時大批的白鸛彷彿從天而降披著白袍的武士，聚集到發生蟲害的地區，捕食蝗蟲，不到一

成熟的白鸛　　　　　　　　　　　　　　　　　　　白鸛一雙翅膀可長達 200 公分

個月就殲滅了蟲害，替農民解危。因此，白鸛自古以來，都被歐洲人視為吉祥之鳥。然而，隨著環境的汙染與農藥的使用，近一百年，白鸛的數量悲劇性的大幅減少，根據阿爾薩斯白鸛保育中心的統計：「1980 年代，在阿爾薩斯地區只剩下 3 對白鸛在此地築巢。」那幾乎是瀕臨絕跡之數了。於是，自那時起，當地開始成立白鸛的保育中心，中心設在於那維，經過 30 多年的努力，根據 2011 年的統計，在阿爾薩斯築巢的白鸛數目已回升至近 600 對。在保育人員的長期摸索及努力之下，白鸛因此有了新生的希望。

特別一提，鵜鶘常被認為是送子鳥，因為這種大型水鳥，身體最明顯的特徵為伸縮自如的大喉囊，平時並不顯露，但捕魚時就像一張漁網般會伸張開來，所以讓人將牠與叼著布包送小嬰兒的形象聯想在一起，其實是一種誤認。

安徒生筆下的送子鳥

寫出《醜小鴨》、《小錫兵》、《人魚公主》、《賣火柴的小女孩》等膾炙人口作品的丹麥兒童文學作家安徒生，也曾寫過一篇《鸛鳥》的童話故事。

故事開頭這麼描述：「在一個小城市最末尾的屋子上，有一個鸛鳥巢。在屋脊上不遠的地方，鸛鳥爸爸挺直地站著，他把一隻腳縮回去，目的是要承受一點站崗的辛苦，他站得那麼挺，幾乎讓人們以為他是木頭所雕成。他想，有我在巢旁站崗，我的太太可有面子了，誰也不會想到我就是她的丈夫，人們一定以為我是奉命站在這兒，這可真令人驕傲，於是我就一直站下去。」安徒生觀察細微，他用簡單幾句話就把雄鸛鳥的形象生動有趣得表現出來。現實世界裡的雄鸛鳥，將一隻腳縮回去站得直挺挺的模樣，真像是尊生動的木雕呢！

陽光露臉，小村一片靜好

送子鳥造型玩偶

　　這個鸛鳥家庭有媽媽和四個孩子，故事接著描述：「鸛鳥爸爸每次回來，總帶著好吃的青蛙、小蛇或其他能尋找到的山珍海味，當他在孩子面前玩些小花樣時，他們多開心，他把頭彎向尾巴將嘴弄得啪啪作響，像一個小響板。」我想安徒生一定有做過實際的田野調查，雖然童話故事是虛構的，卻如實描述出雄鸛鳥的習性，那發出的「噠、噠、噠」聲響，是一種求偶的聲音，目的在吸引雌鳥注意。

　　或許是人生經歷與個性使然，從小家貧，父親早逝的安徒生，總是寄居在朋友家，沒有自己的家，也沒什麼財產，嘗盡人情冷暖，以寫實人生來鋪陳童話故事，讓人讀起來總感覺帶點憂傷，甚至殘酷的基調。那個悲傷的《小錫兵》被大火燒得只剩下一顆小錫心；那癡情的《人魚公主》為了愛情奮不顧身，最後幻化成海上的泡沫；而這篇《鸛鳥》也是溫情又殘酷⋯⋯。

　　還未學會飛翔的四隻小鸛鳥，待在父母為他們築好的巢裡，雖然安全，卻常受到街上小孩的取笑與詛咒而不開心。「老大被吊死，老二被打死，老三被燒死，老四落下來跌死。」一連串惡毒的詛咒用歌唱出來，讓四隻小鸛鳥恐懼極了。其中，只有一位叫做彼得的小男孩拒絕加入頑童的行列，並認為「譏笑動物是一種罪過」。

　　後來，鸛鳥媽媽想到了一個教訓頑童的計謀，有一天，在她的四個孩子學會飛翔準備南度過冬前，她對孩子說：「我知道有一個池塘，裡面睡著許多嬰孩，他們在等待鸛鳥來把嬰孩送到父母那裡去。這些美麗的嬰孩正睡著，作著甜蜜的夢，作著他們今後都不會再作的甜蜜的夢。所有的父母都希望得到這樣的一個孩子，所有的孩子都希望得到這樣的弟弟或妹妹。現在我們可以飛到那個池塘去，送給沒有唱過惡毒歌謠譏笑鸛鳥的孩子們一個弟弟或妹妹，至於那些詛咒鸛鳥的孩子則一個也不給。」

　　「那個帶頭唱歌、最壞的孩子怎麼辦？那個不譏笑鸛鳥的好孩子怎麼辦？」小鸛鳥

接著問媽媽。

「池塘裡有一個死嬰孩，一個作夢作死的嬰孩，我們就把這個嬰孩送給最壞的孩子吧！那麼他就會哭，因為我們帶給他一個死了的小弟弟。而那個好孩子，他說過，譏笑動物是一種罪過，我們就送給他一個弟弟或妹妹，因為他的名字叫彼得，所以你們大家也叫彼得吧！」大家都遵從了鸛鳥媽媽說的這些話，所有的鸛鳥都叫彼得，他們現在還叫這個名字呢！

善有善報，惡有惡報，安徒生以其特殊的敘述風格透露懲惡揚善的思想，讀之發人省思，且讓我更加深刻感覺，他的童話反映出現實人生。「譏笑動物是一種罪過。」人類與其他動物一樣，都是大自然的一部分，沒有貴賤高低的分別，應當和平共處，彼此尊重，珍惜自然環境與永續發展。我滿心期待，經過培育保護之後，這些被名喚「彼得」的送子鳥，能夠永遠存活且繁衍下去，世世代代自在翱翔在阿爾薩斯遼闊的藍天，為這片美麗的大地帶來吉祥幸福。

送子鳥來報到，能帶來好運

送子鳥裝飾的窗口

鸛鳥爸爸站得挺直，並且把一腳縮起

專為送子鳥準備的平臺

送子鳥突然從空中飛下

又細緻又豪邁，
美味什錦拼盤

酸菜什錦豬肉拼盤

　　挺著啤酒肚的胖廚師，單手托著一只有蓋的大托盤，搖搖擺擺地以華爾滋的舞步扭身到你面前，托盤裡放的是什麼美味好料你實在不知道，文火慢燉的雞或鵝？水煮的香腸或炭烤豬腳、鵝肝、蝸牛、肉派？還是綿密香濃的蛋糕或乳酪？「噹啷」蓋子一掀，答案揭曉，我的雙眼一亮，盤子裡放的正是道地的阿爾薩斯料理，酸菜什錦豬肉拼盤，好豪邁的一個美味大拼盤！

阿爾薩斯美食

　　由於地理位置剛好在德法交界處，讓阿爾薩斯料理自然融合德法兩地文化特性，一邊是浪漫的拉丁民族，另一邊是嚴肅的日耳曼民族，在這裡你可以依偎在陽光普照的花園田野餐桌，啜飲細緻高雅的冰鎮白酒，品嘗鮮嫩的鵝肝、蝸牛或乳酪。或者，你也可以三、五好友團團圍坐啤酒屋木桌旁，暢飲生啤酒，享受赤紅亮澤的烤豬腳或肉腸。又細緻又豪邁，小小的阿爾薩斯雖然面積只占法國面積 1.5%，卻因兩種截然不同的文化混血，讓當地美食在法國料理中顯現獨特的風采。

酸菜什錦豬肉拼盤（Choucroute）

　　酸菜什錦豬肉拼盤可說是最具代表的阿爾薩斯傳統料理，為醃漬的白甘藍菜、豬胸肉、香腸、豬排或豬腳、馬鈴薯等所組成的大拼盤。醃漬的白甘藍菜切成細細長長的條

狀，有點像大家熟悉的泡菜，嘗起來酸酸鹹鹹，帶點微微香料清香，與油潤豐腴的豬肉真是絕配。一般法式料理給人的印象多是分量少、擺盤精緻，然而酸菜什錦豬肉拼盤卻給得相當大方，上菜的分量多，足夠兩個人分食，擺盤隨興，不多加修飾，感覺有點像老奶奶直接從廚房端出來的家常料理，適合搭配啤酒或麗絲玲（Riesling）白酒一起享用。

阿爾薩斯風薄餅（Tarte Flambée）

初嘗這款薄餅時讓我十分驚豔於它的美味，其外型直接讓人聯想到披薩，薄薄一片看起來很酥脆，餅皮也比一般傳統披薩薄很多。義式披薩多在餅皮上塗抹一層番茄醬，這款薄餅則是以乳酪酸奶調成的白醬為基底，上面鋪上切絲洋蔥和培根，入爐烤好即刻享用，輕柔的乳酪白醬包裹住洋蔥培根的美味，薄脆香酥的口感，呈現出一種獨特風味。

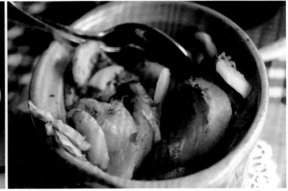

阿爾薩斯風薄餅　　　　　　　砂鍋燉肉

砂鍋燉肉（Baeckeoffe）

這款砂鍋燉肉與酸菜什錦豬肉拼盤，並列為阿爾薩斯最具風味的傳統美食，也是分量大、口味重（可能要有強壯的胃才能一次吃掉一鍋），帶有濃厚的德式風情。這道料理食材豐富，內含牛、羊、豬三種肉類，外加馬鈴薯、胡蘿蔔、白酒、香料，材料一層又一層堆疊起來，極富變化的口感與味道，一起放入阿爾薩斯傳統的陶鍋燉煮而成，蔬菜和鮮肉的精華醞釀於陶鍋中，營養豐富又滋補，很適合天冷時一家團聚圍著餐桌享用。那個用來燉肉的陶鍋上，繪有彩色的花紋或圖案，也成為旅人來到阿爾薩斯的伴手禮選擇之一，相當討喜。

王冠形狀的咕咕霍夫　　　　　　　　　　　　　　　　紐結麵包

咕咕霍夫奶油圓蛋糕（Kougelhopf）

旅行阿爾薩斯，在這裡的甜點店裡，一定會看到一種王冠形狀的圓糕 Kougelhopf，它的發音類似中文「咕咕霍夫」，就暫且如此稱呼吧！烘烤成焦糖顏色的咕咕霍夫，是用阿爾薩斯獨特的厚質陶器模型所製成，模型的外觀一般呈現螺旋絞型的圓錐體，且在圓錐形的正中央開個小圓孔，通常有大、中、小三種不同尺寸，購買時店家會詢問是否需要撒上雪白的糖粉，然後慎重地包裝好，再於包裝紙上繫上美麗的絲帶。

剛出爐的咕咕霍夫，一刀切開來，熱呼呼的香氣迎面撲鼻，葡萄乾、杏仁、核桃及淡淡的酒香聞起來，清新柔和。從前，阿爾薩斯一般家庭，每個週日早晨常會以咕咕霍夫當早餐，佐以咖啡歐蕾，而這樣的習慣仍延續至今。

王冠形狀的咕咕霍夫也會依不同的時節變化出不同的造型，例如聖誕節做成星星的形狀、復活節做成羔羊的形狀，是一種充滿節慶歡樂的蛋糕，從一般家庭的日常生活到重要特殊的節日，咕咕霍夫一端出，全家歡喜團聚在一起，是一款聯繫家庭情感的甜點，深植於阿爾薩斯平民百姓的生活裡。

8 字形紐結麵包（Bretzel）

聞名如見麵包，8 字形紐結麵包外型呈 8 字形，烤成金黃色的麵皮表面附著點點粗鹽，嘗起來還帶點茴香味，是喝啤酒時最佳的下酒零嘴。在阿爾薩斯，當你走進啤酒屋，決定點杯啤酒時，與啤酒同時端上來的通常會有個小木臺，上面掛著 8 字形紐結麵包，供乾杯暢飲的酒客作為下酒點心。

其實，與其說它是麵包，不如說是脆餅更為恰當，8 字形紐結麵包口感像餅乾，酥

洛林鹹派　　　　　　　　　　　麗絲玲白酒內餡的鹹派

酥脆脆的。關於這款點心的由來，有個有趣的傳說──從前在阿爾薩斯某個小村中住著一位手藝高超的麵包師傅，因為頗受村民的喜愛而恃寵而驕。有一次，因為言語不慎而得罪了貴族領主被捕入獄，後來領主給他一個機會，對他說：「倘若你能做出可以看得見三個太陽麵包，我就釋放你。」聰明的麵包師於是想出了這款 8 字形紐結麵包，不僅逃過了牢獄之災，也讓這款美味麵包流傳下來。

洛林／香檳區美食

洛林與阿爾薩斯兩區，彼此相鄰，在歷史上，他們就像一對雙胞胎，一下子被割讓給德國，一下子又回歸法國，同樣受到德法兩國文化的影響，然而，在料理上，卻又呈現不同的風味。法國真不愧為美食強國，只要一跨越省分到另一個區域，就會發現截然不同的美味，讓人的味覺驚喜連連。

洛林培根雞蛋派（Quiche Lorraine）

洛林美食的代表非這款培根雞蛋派莫屬，不僅在法國有名，還傳到了海外，甚至臺北也有些餐廳提供這款美食。

培根雞蛋派是一種鹹派，餡料除了鮮奶油、雞蛋、培根之外，也可隨個人喜好做出不同變化，例如海鮮、雞肉、蘑菇、番茄、菠菜或乳酪等，既美味又營養，在法國的麵包店經常會有各種口味的洛林鹹派，與麵包三明治一起陳列出售，成為簡便的美食，因為又有蔬菜、又有肉、又有乳酪，一塊鹹派下肚，其實就很飽足了。

烤得呈現金黃色的洛林鹹派，入口柔滑，餡料厚實濃郁，熱熱得吃美味極了。在餐

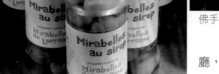

黃香李

佛手柑糖

廳，鹹派多被當成前菜來享用，其實，我覺得，它也適合當作主食，在巴黎，一般咖啡廳會賣些簡單的餐點，像是歐姆蕾蛋包、可麗餅、庫克太太三明治或洛林鹹派等輕食，經常會出現在菜單裡，平價又美味，輕鬆就能解決一餐，在物價不便宜的花都巴黎，是相當親民的小食。地方性的特色小食卻能收服挑剔巴黎人的味蕾，看似簡單的洛林培根雞蛋派，其實一點也不簡單呢！

黃香李（Mirabelle）╱佛手柑糖（Bergamottes de Nancy）╱馬卡龍（Macaron）

　　夏天來臨，正逢李子成熟的季節，各種顏色的李子將市場妝點得鮮豔繽紛。一種稱為黃香李的黃色李子，是洛林省的特產，產區主要在南錫與梅茲兩地，產量占法國的八成。成熟的黃香李在市場秤斤論重叫賣，可生吃、可入菜、可搗碎過濾後做成李子醬，或是加糖醃漬成李子蜜餞。新鮮的黃香李吸飽了金色陽光，連皮啃豐腴多汁、果香四溢。德國作家徐四金（Patrick Süskind）著名的小說《香水》中，描述黃香李的香氣就像少女甜馥的氣息，引誘葛奴乙犯下一宗殺人案，相當驚悚！黃香李可說是洛林省的明星水果，醃漬的李子蜜餞帶點淡淡的酒香，能夠幫助消化，適合當飯後點心，一顆顆飽滿厚實被裝在密封的玻璃罐子裡，攜帶方便，送禮自用皆宜。

　　南錫被稱為法國的新藝術之都，以玻璃工藝設計聞名，大自然的花朵、蝴蝶、蔬果成為創作主題，曲線靈活生動，充滿設計感。在南錫，有一種佛手柑糖，源自19世紀末，淡黃色的糖被透明的玻璃紙包著，裝在設計典雅的鐵盒裡，看起來就像是一種精緻的

1 南錫版馬卡龍　2 鵝肝醬　3 砂鍋鵝肝　4 烤蝸牛　5 手工餅乾　6 餐前酒與圈圈麵包

采風掠影　Local Specialties

1 阿爾薩斯傳統風格的啤酒館　2 鄉土風味燉鍋　3 德國麵疙瘩　4 德式風味豬排　5 德式烤豬腳

科瑪的臨水餐廳

蘭斯玫瑰餅乾

玻璃藝術品。佛手柑是一種帶有獨特酸味的柑橘類果實，南錫的佛手柑糖，口感柔順，帶點檸檬柑橘的酸甜滋味，在口中含著含著，漸漸散發出淡淡香氣，十分特別。

近來在臺灣相當火紅的一款法式甜點馬卡龍，在南錫也有，只是外型與國人熟知的巴黎款相當不同。南錫有法國馬卡龍的發源地之稱，這裡的馬卡龍是質樸的淡棕色，外表酥脆、內裡蓬鬆，味道是濃郁的杏仁香與蛋香，不會過於甜膩，很適合搭配紅茶享用。

粉紅玫瑰餅 （Biscuit Rose）

一提到香檳，就讓人感覺似乎有什麼盛大的宴會將舉行，或是什麼好事要慶祝般，香檳的瓶塞射出，泡泡如泉湧般噴發，歡呼聲同時響起，你的心跳亦不自覺地加速，華麗的宴會接著隆重開場。香檳細緻的泡沫柔美無瑕，自杯中冉冉升起，手持高腳杯啜飲香檳，即使不熟識的人，話題似乎也能如杯中的泡泡那樣源源不絕。

蘭斯是香檳區的首府，這裡出產一種粉紅色的玫瑰餅乾相當知名，源自 17 世紀，是和香檳搭配著一起食用，沾著香檳吃，滋味相當特別。

粉紅玫瑰餅形狀細長，大小約 10 公分，厚度約 2 公分，也有做成小圓形的，顏色主要是粉紅色，亦有白色，口感酥脆，沾著香檳一起享用，吸收香檳的氣泡後，入口即化，兩者結合起來的口感實在很奇妙。

香檳向來給人高雅細緻的印象，這款粉紅玫瑰餅和香檳超搭，一邊啜飲香檳，一邊品嘗粉紅玫瑰餅，感覺彷彿化身氣質非凡的貴婦。在蘭斯餐廳提供的甜點中，有一道粉紅色的冰淇淋，作法是將粉紅玫瑰餅搗碎後混入冰淇淋，吃在口中，酥酥脆脆的，彷彿鼻腔中還繚繞著一種馨甜的花香，粉粉柔柔的色彩好浪漫，味蕾與心神不知不覺地溫暖了起來。

在小村，深呼吸

希格維爾一棟粉藍小屋

2013 年冬天，我的情緒因為一些工作與生活上的因素，煩悶得不得了。每天，我嘗試著將自己塞進辦公室小位子的框框裡，令人窒息的壓迫感讓我覺得身體每個縫隙好像都塞滿了水泥似地沉重不堪，當下，只覺得好想離開眼前的這一切，走出去，深呼吸。好想念一望無際的田野、一片有陽光照射的大地、一個葡萄園與山巒圍繞的小村莊，還有很藍很寬的天空……在辦公室一邊盯著電腦工作的時候，心裡的這份渴望就越發膨脹起來。

走出去，找一個幽靜的小村，放鬆，深呼吸。心情煩悶時，我最想去的，總是這樣的一個地方。不開心地又工作了一陣子，想去旅行的念頭仍舊在我腦子裡盤旋。經過一番曲折後，我決定不再糾結於工作的事情了，某些時候，透過短暫的出走，或許有機會找到一個新的自己，來年 5 月和 Daniel 訂了機票飛往巴黎，租車朝東法阿爾薩斯的美麗村莊前進。

療癒系的童話小村

大約十多年前，我們第一次在法國自助旅行，也是從巴黎租車，一路往東開，途經南錫，接著繞境阿爾薩斯，再往南到普羅旺斯。那一次的旅行，對阿爾薩斯的美麗田園風光留下了深刻印象。這幾年的法國旅行，多往巴黎及南法跑，然而，心底有時還是會想起阿爾薩斯小村五顏六色的木筋屋，想像翱翔天際自由自在的白鸛，以及連綿無盡的

葡萄園。人生有幾個十幾年呢？連我自己都改變了，那些小村想必也會有一些改變吧！隔了那麼久，真該再去看看，回味一下才是。

　　一棟棟氣質獨特的小屋，先由木材搭成框架，再砌上磚牆。完工後，最醒目的是外牆上突出的深褐色的木架；其次是顏色，房子多刷上鮮明的白、黃、藍、紫、綠、紅等色彩，相互交間，七彩繽紛，牢牢抓住你的視線不放，這就是阿爾薩斯小村最典型的民居特色，宛如童話中的小屋。

　　春暖花開的季節，阿爾薩斯綠色山崗綻放著色彩鮮豔的小花，彩色的花蕊是小村最美麗的容顏，植滿庭院，爬上窗臺，沿著巷弄廣場攀爬。陽光從弗日山（Vosges）緩緩升起，輕撫大地，南度北歸的白鸛再次展翅飛翔在明亮的藍色天空。

　　走在充滿花香的中世紀的小村裡，美麗的場景宛如一場夢──愛麗絲的兔子手拿老式懷錶突然從一扇粉色小屋跑出來？小飛俠彼得潘帶著淘氣的小仙女飛過一排排植滿花朵的窗臺？宮崎駿故事裡的女主角蘇菲會在那棟粉彩小屋裡編織帽子的蕾絲花邊嗎？我望著木筋屋上的一扇藍色木門，心想，要是它打開了，走出來童話故事中的吹笛手、醜小鴨、薑餅人或三隻小豬之類的童話人物，我也不會覺得奇怪，感覺阿爾薩斯的小村風情就應該這樣才是，無所不在的童趣掩飾了現實的滄桑，讓人重新換上一雙孩子眼睛──真心、樂觀，以充滿想像的好奇，看待這個世界，而這也是我此刻最需要的一種心情。

希伯維利小村

歡迎來到阿爾薩斯童話小屋

美村與花村

　　阿爾薩斯的旅遊精華是一條貫穿南北的酒鄉之路，綿延弗日山間的酒鄉之路全長100多公里，幾十座大大小小的村鎮點綴其間，開車行駛，一路被葡萄園圍繞，每一條

希格維爾窗景

希格維爾童話小鋪

　　鄉間小路彷彿都能引領你到達一個如詩如畫的童話小村，甦醒你的五感與精神。我想，在任何國家都一樣，城市總不如小村子來得有趣，特別是在現今全球化、同質化的浪潮下，文化多樣性正快速流失，小村裡特有的人事物、歷史、物產與景觀，呈現強烈的在地風貌，有別於其他地方，更顯得彌足珍貴。

　　阿爾薩斯雖然不大，卻是美村與花村最密集的區域之一，所謂「小美村」，乃法國政府自 1982 年起，陸續整理出法國境內符合「建物景觀保存完善」、「有悠久的歷史」又「人口不多」，符合這三要件的小村莊，便給予一個青山紅花的六角形標誌，目前共約一百多處。所謂「花村」，乃法國政府每年自全國一萬多座參加競選的村鎮中，千挑萬選出優質的村鎮，將之列為「美麗花村」，並給予四個等級的評價（最高等級為四朵小紅花）。流連其中，陶醉在燦爛的花花世界與懷古的歷史氛圍中，讓人覺得好累好累的疲憊身體或精神會一下子修復起來，雖然世間難免有許多讓人失望的事，但能夠遇到這樣美麗的小村，就覺得這個世界還是很美好的。

路口的美村標誌

　　緊張忙碌的城市生活會讓人們失去感受的能力，而變成心盲，即使看見了什麼也像是什麼都沒看見！假如時間充裕，你可以花上一週左右的時間，仔細品味這些村落的獨特之美。倘若時間不足，建議至少也要花個兩三天的時間，走訪幾座最具代表性的村落，慢下來，靜下來，品嘗美酒美食，體驗小村質樸無偽的人際互動。記得作家韓良露曾寫道：「世界性地向都會移動本是很難停止的潮流，但人類若能擁有美好的小村為退路或出路，我們的人生是否會快樂些？」我想，那答案無疑是肯定的。

希格維爾小酒館　　　　　　　　艾古斯漢午後靜巷

精選小村 Best 5

希格維爾 Riquewihr

　　希格維爾位在阿爾薩斯酒鄉之路的中心位置，被譽為阿爾薩斯葡萄園中最閃亮的珍珠，也被列為法國「美村」。周遭的葡萄園是阿爾薩斯最具代表的麗絲玲（Riesling）白酒的產地，代代相傳的古老酒莊不僅傳承了芳香迷人的酒香，也傳承了獨特的酒鄉文化。村裡到處都是可愛的多彩木筋屋，隨興走覽或到村外的葡萄園小徑漫步，美麗的場景會讓人心生錯覺，是否走進了某一頁童話故事裡？

艾古斯漢 Eguisheim

　　阿爾薩斯酒鄉之路是法國「花村」最密集的地區，而艾古斯漢則是被列為最高等級四朵小花的最美花村，春夏花季的盛開時節，小村裡的窗臺、庭院、廣場、噴泉到處都綴以美麗可愛的花卉，花香撲鼻、花影動人，從容不迫地閒逛其中，自然而然打從心底輕鬆起來。

希伯維利 Ribeauville

　　位於弗日山腳下的小村希伯維利，也是一個充滿童話感的小村，村落四周的葡萄園是上等麗絲玲白酒的產地，同時，它也是阿爾薩斯著名甜點咕咕霍夫的發源地。每年 6 月的第一個週末，這裡會舉行咕咕霍夫節慶，村民會準備剛出爐的咕咕霍夫與冰鎮的白酒，宴請賓客，慶祝這個特殊的時節。

1 貓與希格維爾靜巷　2 花開時節的阿爾薩斯小村　3 葡萄園中的於那維小村　4 凱斯堡的中世紀建築
5 愛麗絲的兔子在窗口嗎？

沉醉東法：阿爾薩斯·洛林·香檳

希伯維利一扇花窗　　　　　　　　　　希伯維利的跑跑薑餅人

於那維 Hunawihr

　　由於自然環境的急速惡化，讓原本象徵阿爾薩斯省的吉祥物白鸛數目急速減少。位在酒鄉之路上的於那維，是個觀光客較少的寧靜小村，這一帶也是阿爾薩斯的白鸛保育繁殖中心。來到這裡，除了可享受大自然的田園風光之外，有興趣的人不妨順道至附近的白鸛保育繁殖中心參觀，欣賞園區內白鸛的美麗身影，同時也對白鸛的保育工作能有近一步的了解。

凱斯堡 Kaysersberg

　　凱斯堡是一座建於羅馬時代的小村，由於年代久遠，村內的民居展現自中古時期以來，哥德式或文藝復興等不同時代的建築風格，讓人以為走進了建築博物館。每年 9 月、10 月，葡萄採收季節時，凱斯堡會吸引許多遊客到來，賞秋兼品酒，由於凱斯堡相當重視傳統耶誕節，12 月耶誕旺季時，凱斯堡是個體驗耶誕市集的好去處。如此美麗的環境，孕育出一代偉人，終其一生為窮人治病，遠至非洲行醫的醫生史懷哲（Albert Schweitzer）即誕生於此，他的出生處如今已成為史懷哲紀念館，收藏史懷哲至非洲行醫的許多珍貴的照片，以及手稿、書信等，這個童話小村因為是偉人的出生地而又增添了幾分光彩。

小物件，
重溫旅途時光

科瑪舊城充滿購物驚喜

　　我在希格維爾的那間藝品小店裡，一看到那只小酒杯就心動了，小巧的高腳玻璃杯，是阿爾薩斯地區最常用到的酒杯，透亮如水晶的杯身繪有漢希（Hansi，阿爾薩斯當地最知名的畫家）畫的可愛小女孩，我看著那只小酒杯，心想，一個要價 7 歐元的小酒杯，如果帶它回臺灣，找一個陽光暖暖的悠閒午後用來喝麗絲玲，感覺應該相當不錯，彷彿就能與記憶中美好的時光或幸福的感覺相連結。

　　這應該就是所謂生活中的小確幸吧！村上春樹在《終於悲哀的外國語》一書中寫道：「如果沒有這種小確幸，人生只不過像乾巴巴的沙漠而已。」旅途中，一些吉光片羽般的美好回憶，往往就是依附在一些令人愛不釋手的小物件上，它們就像真實情感的回音，跟著你回國，為生活增添一些小確幸。

陶雜貨

　　陶製手工藝品是最能代表阿爾薩斯的特色，取材自當地的風土人文景觀，將之燒於陶皿、陶瓶、陶鍋等日常用品上，彷彿讓藝術走進了日常，送禮自用兩相宜，買回來作為藝品欣賞，更能增添生活趣味。

　　我在當地旅行時，最常見的陶雜貨就是製作咕咕霍夫蛋糕的陶器，圓型中間鏤空的咕咕霍夫陶器有大有小，當地人不僅用它來烘焙咕咕霍夫，也將之放置在窗臺或掛在牆上作為飾品，隨著一陣清風吹來，彷彿飄送來咕咕霍夫的蛋糕香氣，描繪著花草、白鸛

沉醉東法：阿爾薩斯‧洛林‧香檳

或薑餅人等可愛的手繪圖案，更能回味與阿爾薩斯相關的重重疊疊記憶。

行旅阿爾薩斯期間，常會發現當地人喜歡在自家門窗上垂掛一種心型掛飾，多半是豔麗醒目的紅色，材質則有鐵製、布製或陶製，成串的紅心垂掛在門窗，就像風鈴一樣，雖然沒有叮叮噹噹的響聲，卻相當醒目，串串紅色的心跳躍進了旅人的心眼，彷彿傳達著當地人對生活的祝福與想望。紅色的心型圖案也常出現在陶器上，煞是美麗。

阿爾薩斯最具代表的木筋屋建築，也成為陶雜貨家族的成員，有誰能抗拒那樣小巧迷人的精緻小屋呢？雖然無法入住或擁有一棟彩色的童話小屋，但若是帶一個小巧的木筋小屋模型回來，想像一扇被鮮花點綴的窗臺，陽光灑落，微風吹過，我也曾經在那樣美麗的窗臺下走過，旅行的點點滴滴回憶，就這樣又被輕輕喚了出來。

陶杯

印有漢希娃娃的陶盤

布雜貨

柔軟的布料因為可塑性高，最適合用來製作各種藝品。在阿爾薩斯，最人氣的布雜貨當推送子鳥造型的布娃娃或絨毛玩偶。當地人以送子鳥為主角，製作布偶、背包、提袋等，樣式多變，比較特別的是，有時他們會將送子鳥布偶掛在窗臺或門窗上，祈願幸運降臨。

另一種常見的布雜貨是身穿阿爾薩斯傳統服飾的布娃娃，白色的襯衫、紅色的大圓裙，外搭一條黑色鑲有刺繡圖案的圍裙，感覺上有點類似德國黑森林地區居民穿著的傳統服飾，也難怪，阿爾薩斯與黑森林地區相鄰，在文化上，食衣住行彼此相融，本來就很容易受其影響。

各款文創小物

阿爾薩斯洋娃娃

漢希設計商品

　　行旅阿爾薩斯，特別是在酒鄉之路上的小村鎮，細心的旅人應當不難發現，身穿阿爾薩斯傳統服飾的娃娃常出現在許多藝品上，也常出現在餐廳或酒莊的招牌上，成為可愛的標誌。這些深具在地人文色彩的圖案，都是出於阿爾薩斯一位畫家之手——漢希，一位一輩子以阿爾薩斯風土民情為創作主題的在地畫家，把當地的美麗風情畫進了每個人的心坎裡。

　　漢希的畫風帶有濃厚的童話感，很適合用在工藝品上，變身成為靈活多樣的文創商品。在希格維爾小村，有一家漢希美術館的直屬商品店，販售各種從漢希繪畫延伸出來的文創商品，例如小巧的高腳酒杯、瓷盤、酒瓶、果醬瓶、明信片、信封、信紙、故事書、餅乾盒等，款式有數十種，足見他的作品深得人心，就像從阿爾薩斯這塊土地長出來般，帶著家鄉最親切的泥土氣息，每一幅小小的圖案都彷彿訴說著阿爾薩斯最動人的故事。

1 彩色木筋屋模型　2 阿爾薩斯民家喜歡將心型吊飾掛在門窗上　3 陶鍋　4~5 漢希美術館的商品

酒香伴隨，
微醺 170 公里

可愛的店招牌

　　捧著阿爾薩斯特有的高腳酒杯，聞著白酒格烏茲塔名那（Gewurztraminer）的清新酒香，感覺灑落餐廳裡的溫暖秋陽，真慶幸自己能有機會坐在這個臨河角落，品酒賞景，看白雲懶洋洋飄過餐廳的窗，聽伊爾河（Ill）的流水潺潺從腳邊流過。史特拉斯堡（Strasbourg）老城區的聖馬汀（St-Martin）餐廳因為緊鄰伊爾河畔，視野極佳，用餐時常一位難求，我們因為這天午餐吃得晚才有機會坐到視野絕佳的座位。

　　阿爾薩斯最具代表的白酒格烏茲塔名那，十分順口，香甜的果香瞬間打開了味蕾，我點了一份鵝肝冷盤作為配酒小點，口感豐腴的鵝肝和沁涼爽口的格烏茲塔名那在我口中擦出美麗的火花，初試這款白酒，輕盈舒爽的味道一下子擄獲我的心。格烏茲塔名那以它獨特的味道介紹了自己，讓我對它的出身地充滿期待，葡萄莊園、花村美村、美酒美食……有這些元素調和在一起的酒鄉之路想必充滿魅力。

綿延 170 公里的酒鄉之路

　　阿爾薩斯與波爾多、勃根地並列為法國三大葡萄酒產地，此地盛產白葡萄酒，以格烏茲塔名那（口感偏甜）及麗絲玲（口感偏酸）最具代表，優質美酒裝在瓶身細長的酒瓶裡，看上去就十分典雅，味道清新，就連沒有靈敏酒鼻子的我都能一下子聞出酒裡含有的果香（格烏茲塔名那有股荔枝香味）。我不是葡萄酒專家，對葡萄酒只有粗淺認識，也不背負蒐集酒莊歷史或釀酒過程的壓力，這回來阿爾薩斯只想與 Daniel 趁著美好秋光，

隨意拜訪酒鄉之路的小村，隨興品嘗在地美食，而帶點荔枝果香的格烏茲塔名那飲起來沒有厚度，恰好適合我們兩個葡萄酒門外漢，此刻只想沒有負擔地將自己全心全意交付給酒鄉的田園秋光。

　　所謂「酒鄉之路」，是指從 Marlenheim 至 Thann 南北縱長約 170 公里的葡萄酒產區，除了格烏茲塔名那及麗絲玲兩種最具代表的白酒之外，還有灰皮諾（Pinot Gris）、蜜思佳（Muscat）、希瓦那（Sylvaner）、白皮諾（Pinot Blanc），共計六種。唯一一款紅酒是黑皮諾（Pinot Noir），此外，當地也有一種類似香檳的氣泡酒 Crémant d'Alsace。開車造訪酒鄉之路上的釀酒小村，如希格維爾、艾古斯漢，村裡都會有標示著「Degustation」（試飲）的酒莊，歡迎遊客前來試飲自家酒莊自釀自售的葡萄酒，讓買家品嘗後再決定自己喜歡的葡萄酒。

　　我們從史特拉斯堡出發一路往南沿著酒鄉之路繞一圈，Routes des Vins（酒鄉之路）、Vignoble（葡萄園）、Degustation（試飲）這幾個與酒相關的法文常常會蹦出來對我們打招呼，再加上滿山遍野成熟待採的葡萄果實，成串成列很自動、符合情境地出現在我們途經的鄉間小路或童話小村。酒香美景一路相隨，連綿 170 公里長，大地創造出的景色令人感動，忍不住想對眼前遼闊的田野敞開心胸，願由心出走，步向那片遼闊的綠色田野中。

酒街路標

伊爾河

漫步葡萄園

　　記得有部基努・李維主演的電影《漫步在雲端》，劇情描述美國加州納帕葡萄酒莊發生的一段愛情故事。電影裡雲霧繚繞的夢幻葡萄園美得不可思議，腳踩木桶釀造葡萄

1 可愛的酒莊　2 陽光下的葡萄，晶瑩剔透　3 成熟待採的葡萄果實　4 酒莊標誌

酒的過程新鮮有趣，然而，現實世界的葡萄採收工作一定不像電影裡演的那般浪漫，光是想像要在那連綿起伏、看似沒有盡頭的坡地爬上爬下，彎腰採集那些高高低低的葡萄串，就讓我舉雙手投降了，我想，那辛勞應該不是一般人可以忍受的吧！

　　沉浸於陽光照拂下的葡萄果實，閃爍著成熟的飽滿色澤，有些翠綠、有些紫紅，色彩誘人。我們開車在酒鄉之路上行駛，用速度追逐葡萄園景色，遠遠地看不過癮，便要Daniel 找個地方停車，我說：「既然都來了，何不把握機會到這片世界知名的葡萄園裡散散步呢？用雙腳實地感受這片土壤，也讓自己的手指頭和那些嬌嫩的葡萄果實來一次最親密的接觸。」

　　這時的阿爾薩斯已經開始進入葡萄採收季節，我倆在艾古斯漢附近停好車，找了一片葡萄園，打算好好認識這些心儀已久的葡萄串。遼闊的葡萄園沒什麼人看守，心裡暗想，這樣沒有經過主人允許就擅自闖入實在不應該，但我們只是想拍拍照，體會一下在葡萄園中散步的感覺，就算被發現也不會過於責怪吧！

1 酒桶　2 希格維爾的一間酒莊　3 酒莊店招牌　4 麗絲玲

　　不像其他產區多半是平地，由於阿爾薩斯的葡萄生長在高低起伏的丘陵上，不利機器採收，因此這裡採收葡萄大部分還是仰賴手工。採收旺季到來時，肯定很耗費人力，用花剪將葡萄剪下來這個動作看似簡單，但一整天不斷重複，還要上下彎腰，光想就覺得手指和骨頭都要酸疼起來了！但也因為有傳統手工採收的辛勞和汗水，跟機器採收相比多了幾分人情味，讓這裡的酒喝起來更顯香醇美味。

　　看見滿園豐美的葡萄成串成列地掛在枝頭上，被陽光照得晶瑩剔透，還是忍不住嘴饞偷偷拔了一兩粒來嘗，葡萄入口香氣飽滿、甜度剛好，我興奮地對 Daniel 說：「原來還未釀成酒就這麼好吃了！我那天在市集上有看見在賣新鮮的綠色小葡萄，或許就是這種葡萄呢！」當下心想，得趕緊買來嘗鮮。

　　風和日麗，陽光舒爽，此刻好想有一張餐桌可以坐下來，就在這片田園裡野餐，喝著我喜歡的冰涼格烏茲塔名那，開心地喝，微醺地笑，什麼都不想，只想讓世界在我眼前放鬆又放空。

阿爾薩斯

Alsace

巴黎

阿爾薩斯

史特拉斯堡
（Strasbourg）

希伯維利（Ribeauville）

凱斯堡（Kaysersberg）　　　　　　　　　　於那維（Hunawihr）

尼德莫施維爾（Niedermorschwihr）　希格維爾（Riquewihr）

圖克漢（Turckheim）　　科瑪（Colmar）

艾古斯漢（Eguisheim）

史特拉斯堡
（Strasbourg）
迷人的小法國

漫步伊爾河畔

　　史特拉斯堡的火車站造型前衛，遠遠看上去就像一座大型巨蛋，透明的建築體可以吞吐來自歐陸各方的列車，這城位在德法交界處，現今是阿爾薩斯地區首府、進出門戶，同時也是歐洲議會及歐洲人權委員會的所在地。拖著行李箱步出車站前往旅店，細小的輪子滑過鋪石路面發出清脆聲響，環顧四周，近午的史特拉斯堡，多數商店已開，數不盡的櫥窗與貨品不斷吸引我的目光，轉個彎就能看見歷經悠悠時光的老建築，優雅展現自身的美麗，輕巧的電車忙碌穿梭於街道間，前往各個未知角落，我的心中漲滿喜悅，真想就這樣跳上一節綠色電車，開始我的城市探遊！不過，還是得先到旅店安置好身上的行囊才行。

迷人的小法國

　　史特拉斯堡和巴黎一樣也有座聖母院，是城市居民的信仰中心，也是發展中心。離聖母院不遠處便是被稱為「小法國」（Petite France）的老城區，位處萊茵支流與伊爾河交匯處，老街上聚集著年代久遠卻雅致怡然的木筋屋，潺潺河水滋養著老屋的容顏，清麗的面容彷彿不會老去，向來是史特拉斯堡人氣聚集的觀光景點，我們的城市探遊，也將從這裡開始。

　　宛如母親河的伊爾河有四條小支流，盈盈河水豐沛飽滿，在小法國區切割出許多如迷宮般的小巷道，幾百年悠久歷史的黑白色木筋屋，不是民俗博物館中展示的樣品，而

是真實矗立在巷弄河岸邊，歷史的繁華與喧囂似乎不曾離去，人們仍舊在裡面生活著，為此區平添了品味老街的散步樂趣，行走其間，我不禁好奇想像：「住在裡面究竟是什麼感覺？那到底是一個怎樣的年代呀？」

梧桐綠意出現在河畔、巷弄、庭院，也在風裡、在光裡，深深淺淺吸引我的眼波凝視，逛累了想歇腳，綠意盎然的清涼咖啡座或小餐館就是首選，喝杯咖啡、啤酒或用點簡餐再走。翠綠葉心迎風搖曳，好像在親切地招手，輕撫我的心弦。我的雙腳踩在鵝卵石鋪的地板上，耳畔聽著音符般的流水聲，雖然是白天，竟覺得彷彿在夢中！

為什麼稱呼這裡小法國呢？手上的旅遊書上並未說明，但我這樣猜想，或許是由於史特拉斯堡過去長期處在德國的統治下，直到二戰結束德國戰敗後才歸還給法國，當年，這一帶或許是法國人聚集之地，因此得名吧？法國作家都德（Alphonse Daudet）在其文

路標

輕巧電車穿越市街

學作品《最後一課》曾寫下這段歷史，提醒占領區的法國人不要忘了自己祖國的語言。我在這裡的小巷穿梭，發現巷弄街道名稱有些以德法兩種語言標示，食物則更不用說了，每家餐館或小酒館裡幾乎都可以點到豬肉香腸酸菜等德國食物與啤酒，德國占領的痕跡留存在這城的建築與街景裡，也混雜於語言與庶民生活中。

沿著河岸漫步，遇見一座橋，之後又來到一座橋，這座橋蓋在伊爾河上，以石頭打造，兩座中世紀年代的高塔像好似一對模樣相同的雙胞胎挺立在石橋兩端，氣宇軒昂，塔身至今清楚可見的孔眼說明當時作為防衛禦敵的功能，那石橋便是來自古老年代的覆蓋橋（Ponts Couverts）。為了取得更清楚的畫面，我和 Daniel 決定走到覆蓋橋對面的沃幫水壩（Barrage Vauban）上，居高臨下視野更加遼闊，果然讓我們取得了最佳的風景。

1 人氣景點小法國　2 新城區街景　3 古騰堡銅像　4 教堂廣場

史特拉斯堡大學附近的巷弄

露天啤酒館

從水壩上的高處眺望，可以看見覆蓋橋的橋身橫跨伊爾河上，古典的兩座高塔現身在薄薄的陽光下，還可以看見穿梭往來於河上載著遊客的透明玻璃船。乘船遊河向來是史特拉斯堡最受人喜愛的一種旅遊方式，搭船瀏覽河岸風光，只需一個鐘頭就能領略史特拉斯堡的主要景點，如果時間有限，倒是一種不錯的賞遊方式。今天，我們預計在此過夜，時間充足，用散步閒遊的悠哉心情邊走邊看，仍是我們選擇的方式。於是，離開沃幫水壩，又再度投身老城區。

敲出知識的亮光

翻看手上的旅遊書，上面提到史特拉斯堡曾經居住過一位影響西方歷史文明的發明家——古騰堡（Gutenberg），為了紀念他對文明的偉大貢獻，舊城裡有一條街道及一座廣場特別以他的名字命名，引起了我的好奇，拉著 Daniel，就以古騰堡為第二個探訪的目的地，展開一段時光回溯的旅程。

以前我對西洋文明史還不是很清楚時，初見「古騰堡」這個名詞，還以為那是德國的一個地名，或是古堡、修院之類的建築物，後來，開始漸漸對西洋文明史有點認識，才明白「古騰堡」原來是一位中世紀出生在的德國麥因茲的發明家，發明了金屬活字版印刷術，並利用這項發明印製了世界上第一本聖經——《古騰堡聖經》。他曾經在史特拉斯堡居住十年（1434～1444），並於此開了一家鏡子製造公司，從事金屬打磨之類的製造工作，鑄鏡經驗為他提供了合金鑄造字母的技術基礎，開啟了他對活字印刷的想法，進而利用這項技術建立了一套字母庫，印製知名的《古騰堡聖經》。

古騰堡廣場（Pl. Gutenberg）位在舊城中心，走到那裡就離聖母院（Cathédrale Notre-

傳統與現代並存的老城區

黑白色的木筋屋建築

Dame）、盧昂博物館（Palais Rohan）等主要景點不遠了，舊城的道路不甚寬，走過一些曲折的小路，這些奠基於中世紀時期的街道，雖然開了一家家現代化的商店，但在現代的縫隙中仍留存著過往遺跡，古樸的風景偶然乍現熱鬧街市，藏寶箱似的老街保存著傳統的建築，也有現代風格的創意商店，新舊交雜，趣味十足。

在舊城悠悠兜轉，路經一間專賣的土耳其三明治（Kebab）的快餐店，店內傳來的陣陣烤肉香留住了我們步伐，吸引我們走進去享用了一份美味餐點。提起 Kebab 這款讓我們十分喜愛的烤肉袋餅（在臺灣被稱為沙威瑪），口味真是太棒了！香噴噴的烤肉及洋蔥、高麗菜絲，將袋餅塞得鼓鼓，再淋上酸甜的美乃滋、番茄醬，一口咬下去，厚實的口感用舌頭去承接，不僅滿足了味蕾，也補足了體力，對我來說，一個 5 歐元左右的 Kebab 下肚，一餐足以抵兩餐呢！

飽餐一頓，稍事歇息後，我們重返街道，沒走多久就到了古騰堡廣場。廣場上遊人穿梭，四周的建築物圍出一塊方形的空間，熱鬧的露天啤酒屋與典雅建築圍繞的廣場中心立著的古騰堡銅像，還有一座大型的旋轉木馬。青銅雕像因為歷經久遠的年代而鏽蝕斑斑，身穿長袍的古騰堡，面容消瘦，蓄著長鬍子，手持一份攤開的文件。我走近了看，上面似乎刻著一列文字，我翻看手上的資料，上面介紹那列文字來自舊約聖經，意思是「光亮從此顯現！」可不是嗎？在中世紀那個知識尚未流通的時期，因為古騰堡金屬活字版印刷術的發明，讓書籍能夠快速大量印刷，知識得以傳播至民間，不再只是掌握在少數貴族或教會的手裡，也漸漸影響到平民教育。歐洲文明史上最重要的文藝復興、宗教改革、啟蒙運動，都與古騰堡的發明有關。

我看著古騰堡的青銅塑像，深深覺得，就像普羅米修斯帶給人類、為人間創造了溫暖與亮光的火種，古騰堡敲敲打打出的小小金屬字母，也為人類帶來無限的知識亮光！

1 小法國的人氣餐廳　2 沃幫水壩上，居高臨下視野更加遼闊　3 共和廣場是逛街購物好去處
4 小法國仍保留中世紀的石板路

　　　　　　　　　　　　　　　　沉醉東法：阿爾薩斯・洛林・香檳

1 盧昂宮前的廣場　2 盧昂宮內廣場　3 聖母院的建築石材來自弗日山脈　4 教堂的飛扶壁

莊嚴的聖母院挑高的哥德式建築

大型天文鐘

爬上聖母院

　　來史特拉斯堡，非看不可的一棟建築就是史特拉斯堡的聖母院，建於 1176 年，歷經 250 年才完工，氣象萬千地聳立在舊城的心臟地帶，那裡總是匯集了最多觀光客。由於建材來自孚日山脈的玫瑰色岩石，讓這座聖母院擁有赭紅色外觀，蕾絲般的纖細雕刻讓它看起來宛如精工打造的藝術品，每座雕像看上去都栩栩如生。教堂裡有個大型天文鐘，除了能準確顯示時間之外，每天中午 12 點一到，還有天使門徒等活動木偶從時鐘裡移動出來表演，吸引許多遊客特別前來觀看。

　　聽說，只要花 5 歐元就能參觀教堂頂端的觀景臺，雖然必須努力爬完 332 級階梯才能抵達，但就像站在史特拉斯堡上空一樣可以俯視史特拉斯堡的連綿屋瓦，遠眺孚日山脈。我們二話不說，當下就買了門票，登上塔樓去。

　　332 級又窄又陡的階梯爬起來著時耗費體力，但一步步努力踩踏出的高度，更能確實體會到教堂巍峨的存在。終於氣喘吁吁爬上來了！我興奮地貼近圍欄，俯視史特拉斯堡，宛如展開的畫捲，赭紅色的屋瓦毫無保留鋪展綿延，我的雙眼像展翅飛翔的小鳥，一路飛掠千家萬戶的屋頂、縱橫交錯的長街短巷、綠樹的頂梢、城市與藍天之間清楚的天際線……是啊！真的看見了孚日山脈隱約朦朧、高低起伏的輪廓線！遼闊的視野彷彿帶來安定神經的效果，我的心沉浸在一種寧靜的平和之中。

　　雖然，登頂的過程有一點辛苦，但只要花臺幣約 200 元就能享受到的旅行幸福感，實在是值得收藏的回憶及體驗啊！

聖母院擁有赭紅色外觀

蕾絲般的纖細雕刻

資
訊
補
給
站

▶ 交通
・從巴黎東站搭乘 TGV 約 2 小時 20 分鐘。
・從巴黎戴高樂或歐里機場搭飛機約 1 小時。

▶ 遊客中心
地址：17 .pl de la Cathédrale
網址：www.otstrasbourg.fr
時間：09:00 ～ 19:00
公休：無

▶ Strasbourg Pass
3 日有效通行證，參觀第一間博物館免收費，第二間半價優惠，持通行證可免費搭船遊
伊爾河或參觀史特拉斯堡聖母院塔樓，購入地點在遊客中心。
費用：€ 14.9

▶ 史特拉斯堡聖母院
時間：07:00 ～ 11:20、12:35 ～ 19:00。
　　　塔樓開放時間 4 月到 9 月 09:00 ～ 19:15；
　　　10 月到隔年 3 月 10:00 ～ 17:15。
公休：1 月 1 日、5 月 1 日、12 月 25 日
門票：€ 5

店招牌

▶ 搭船遊河 Batorama
網址：www.batorama.fr
費用：€ 9.6

▶ 盧昂宮美術館 Palais Rohan
時間：週一、週三至週五 12:00 ～ 18:00，週六、
　　　週日 10:00 ～ 18:00。
公休：週二
門票：€ 6

送子鳥造型玩偶

科瑪
（Colmar）
乘小船，
慢看小鎮流光

著名的景點小威尼斯

　　一到旅店，放下行李，我們就直奔櫃檯，向服務人員要了一張科瑪地圖來研究。「原來，我們住的地方離舊城的小威尼斯地區那麼近。」Daniel 指出地圖上一條淺淺河水的溫柔淡藍，彎彎繞過小鎮邊緣。「會是這樣嗎？」我在腦海裡勾勒出這樣的畫面——流水潺潺，鳥啼花開，風裡有薔薇清香沁鼻，耳畔響起船夫搖槳傳唱的歌聲……小威尼斯地區（Petite Venise）是科瑪最具代表的觀光景點，在這個風和日麗的早秋午後，我會看見什麼樣的風景呢？

小威尼斯

　　位在萊茵河上游的科瑪雖然鄰近德國，但幸運未遭受戰火波及，因而保留完整的中世紀時期的木筋屋建築。此外，科瑪也是阿爾薩斯白酒生產地，美麗的風景、悠遠的歷史感，再加上美酒佳餚，讓科瑪一直是阿爾薩斯僅次於史特拉斯堡的熱門旅遊地點，著名的景點有小威尼斯、巴爾托帝（紐約自由女神的雕刻家）之家（Musée Bartholdi）、菩提樹下美術館（Musée d'Unterlinden），以及舊城裡各式各樣混搭風格的老建築，皆是徒步便可到達之處，懶得走的人也可以搭乘觀光車繞遊。我們當然選擇慢條斯理，晃呀晃地徒步遊賞，畢竟這樣才能將老城風光仔仔細細地收進雙眼裡。

　　小河洛施（Lauch）踩著舒緩的韻律節奏，一路吟唱，緩緩流過科瑪舊城南方，沿著小河走下去則是美麗的老屋街坊。我們從聖皮耶路（Bd.Saint-Pierre）左轉，穿過一座小

公園，迎面而來的第一幅風景就是面河的成排彩色木筋屋，沒有一絲陰暗的調性，亮麗的色彩就像活力全都吸收到身子骨裡那般，讓人看了也跟著元氣起來！燦爛的小花就在櫛比鱗次的窗臺上綻放，花，這個屬於阿爾薩斯的代表標誌，以高昂的音符將這裡帶入視覺宴饗的高潮！

　　晴空如洗，紅花豔麗如綻放的花火點亮小橋、堤岸、街角，老屋的樓臺、角檐，橫看側看皆似畫，花團錦簇，如夢似幻。我倆一來到聖皮耶小橋，魂魄就被那綺麗的色彩給勾去了，定定站在橋邊，捨不得移步。河面上，過去裝載葡萄酒桶及皮革的木造小船上如今換成了觀光客，一艘小船約莫可容身七、八位乘客，船尾搭配一位撐篙的船夫，輕巧的船身寧靜地劃開洛施河面，船尾在水面牽起長長波紋，像透明的薄紗裙襬。

　　我看著舟上乘客，左顧右盼，咕咕噥噥，指指點點，從肢體語言料想一定是從小舟上望出去，看見了什麼新鮮事正興奮著呢！我想，從河上的視角望出去，應該會體會到

小威尼斯的彩色樓房

舟上乘客發現了趣味新鮮事

另一番不同的景象吧？那些夾道聚集的明朗建築群順著河流往遠方延伸，翠綠、明黃、粉橘、豔紅、藍紫的繽紛色彩，像一幅攤開的畫卷，置身在這樣的畫面中，要不仰面讚嘆也難！

　　想搭乘小舟遊河得花點時間排隊呢！乘船地點就在聖皮耶橋附近，我本來有點心動，也想嘗試一下，但看了一下排隊人龍，彎彎繞了一圈，一艘船只能容納七至八人，一次約間隔 20 分鐘，算一算這排隊人數，可能也要等上 1 小時，只好打消念頭，還是先將時間留給老城其他地方再說。

科伊之屋

科伊之屋的琉璃屋瓦

人頭、科伊、菲斯特

離開遊客聚集的聖皮耶橋，我倆繼續往老城的深處走。

科瑪不但慕名來訪的遊客多，也像個購物中心，各式各樣的童趣小店、禮品玩具，用著鮮豔的色彩與造型吸引人們的目光，幸運鳥造型飾品或玩偶向來是高人氣的商品，葡萄酒與高腳酒杯成套買來送人也不錯，還有滿街的陶器、小巧精緻的木筋屋模型，更有甜點鋪裡陳列手工餅乾及咕咕霍夫蛋糕、熱騰騰剛出爐的薄皮披薩……好像只要沿著鮮花裝飾的石板路一直走，就能抵達許多意外的角落。樹蔭下、廣場上，酒館與餐館把座位安排在戶外，露天的空氣裡飄散出陣陣食物的香氣，在聖馬丁教堂附近，我們路經一家手工餅乾連鎖店，被熱情的店家免費招待試吃了四、五種不同口味的手工餅乾，現烤出爐的餅乾用料紮實，紮實地握在手心，甜美幸福的感覺一下子從掌心傳到心中。我當下決定買一包帶在隨身肩包裡，隨時可以解饞。

科瑪在過去是阿爾薩斯的商業中心，中世紀時期人們通常依職業別聚居於同一條街道，從街道名稱便可猜測出當初此地居民從事的行業，皮匠街（Rue de Turenne）、漁夫街（qui de la Poissonnerie）、商人街（Rue de Marchands）是現今科瑪保存下來三條較完整的老街道，當走進它們時，仔細看就能找出牆面或街角還保存著人偶、魚鮮等顯眼的圖騰，造型精緻，令人會心一笑，它過去的身分透過這些呈現不言而喻。

在科瑪歷史悠久的建築群中，最知名的三棟建築分別是科伊之屋（Koifhus）、菲斯特木屋（Maison Pfister）及人頭屋（Maison des Tetes）。

科伊之屋建於 15 世紀，是科瑪現今保存最古老的一棟中世紀建築，前身是關稅大樓，用來收取往來於科瑪商隊船隻的印花稅，它那用彩色瓦片鋪設成的璀璨屋頂，遠遠

望去好像閃閃發光的鱗片，頗為富麗堂皇。「因為是收錢的中心，銀兩充足，蓋得豪華一點才能符合它的用途嘛！」Daniel 開玩笑地說。不過說真的，與周遭素樸的民宅相較之下，這棟有著小樓與鐘塔的建築在當年應該造價可觀吧！

　　菲斯特木屋座落在商人街，建於 16 世紀，從前是製帽富商所居住的宅邸，屬於中世紀文藝復興時代的建築，非常典雅，樓高兩層，有木造的迴廊、彩繪壁畫及小巧精緻的尖塔，累積了古老的時光，有種迷人的神韻，讓人忍不住駐足欣賞，想像一段只存在於歷史課本中的故事。我讓雙眼在那些細緻的雕紋上多停留，感受著時光的痕跡，不知是因為午後陽光，甚或是那些曾經斜倚迴廊人們的體溫、腳步仍舊留戀不去的緣故？木造建築總給人一種特有的溫暖之感。

　　至於那人頭屋，該怎麼說呢？乍聽這個名稱就令人毛骨悚然，等走近細看，真的有種莫名怪異之感！人頭屋的歷史可追溯至 17 世紀，因為樓面上雕飾 105 個頭顱而得名，每一顆頭顱都有不同的臉部表情，喜怒哀樂、瞠目吐舌、擠眉弄眼……各種奇怪的表情全都集中在一起了，景象詭異。瞧它立在街上的模樣，彷彿不屬於人間！我看著看著，突然想到，當夜深人靜走過人頭屋前，被這些雙目炯炯的人頭在漆黑的夜色中瞪著看，感覺一定很驚悚吧！

　　人頭屋三角形屋頂立著一座人形雕像，高度應該可以俯視整個科瑪老城，那雕像據說出自當地雕刻家巴爾托帝（Bartholdi）之手，他的出生地就是我們下一個參觀的地點。

菲斯特木屋上的窗

菲斯特木屋上的人偶裝飾

1 人頭屋以人臉為樓身裝飾　2 每一個人頭都有不同表情　3 巴爾托帝之家　4 巴爾托帝的作品

紐約自由女神設計者巴爾托帝

巴爾托帝博物館入口

巴爾托帝之家

　　紐約自由女神的創造者巴爾托帝出身於科瑪，他親手設計的女神像早已家喻戶曉。
1834 年巴爾托帝在科瑪誕生，父親曾任職地方政府，生活小康。後來，父親過世後，他
跟隨母親前往巴黎，開始他的藝術之路，學畫、習雕塑，摸索累積了十多年的經驗才開
始創造自由女神。

　　典雅的故居裡展示巴爾托帝生前繪製的手稿、自由女神的原始模型、雕塑品，以及
珍貴的黑白老照片。創作一座象徵自由的女神雕像是巴爾托帝從事藝術雕刻最大的心願，
我看著那尊原始的模型，從發想到完工，想必相當耗時耗工才能送達彼岸遙遠的美國吧！

　　頭戴象徵七大洲的花冠，身著希臘女神般長裙，右手高舉象徵自由的火炬，左手抱
持美國《獨立宣言》書版，作為自由與勝利象徵的這尊雕塑，給漂流至美洲大陸尋找新
生活的移民帶來心靈慰藉，浩瀚大海在她足下翻湧，燦爛陽光在她肩上閃耀，就像雕刻
在女神基座上的詩文所描寫，她為許多無家可歸的流浪者，在金色大門前舉起溫暖的心
靈燈火。

1 阿爾薩斯傳統風格的啤酒館　2 巧克力餅乾人　3 漁夫巷一景　4 街上的小餐館　5 聖馬丁教堂

沉醉東法：阿爾薩斯‧洛林‧香檳

資
訊
補
給
站

▶ 交通

· 從巴黎東站搭乘 TGV 約 2 小時 50 分鐘。

· 從史特拉斯堡搭火車約 30 分鐘。

▶ 遊客中心

地址：32 cours Ste-Anne

網址：www.ot-colmar.fr

時間：4 月到 10 月週一至週六 09:00 ～ 18:00、10:00 ～ 13:00；

　　　1 月到 3 月週一至週六 09:00 ～ 12:00、14:00 ～ 17:00；

　　　11 月 1 到 21 日週一至週六 09:00 ～ 12:00、14:00 ～ 18:00。

公休：1 月至 3 月週日

▶ 搭船遊河

網址：www.sweetnarcisse.com

時間：4 月到 9 月每日 10:00 ～ 12:00、13:30 ～ 19:00；

　　　3 月、10 月週六及週日 10:00 ～ 12:00、13:30 ～ 19:00。

費用：€ 6

▶ 菩提樹下美術館 Musée d'Unterlinden

網址：www.Musée-unterlinden.com

時間：5 月到 10 月 09:00 ～ 18:00；

　　　11 月到隔年 4 月 09:00 ～ 12:00、14:00 ～ 17:00。

公休：11 月到隔年 4 月週二

門票：€ 8

寧靜的皮匠街

代步的火車造型觀光車

阿爾薩斯　Alsace

艾古斯漢（Eguisheim）人間花香、歲月靜好的小花村

人閒花香、歲月靜好的小花村

　　早秋清晨，阿爾薩斯的藍色天空澄澈明亮，幾朵潔淨的白雲悠悠遊蕩在高高的天上，晨光純淨使綠色的山巒輪廓顯得更加分明，向光的葡萄園釋放出飽和明亮的綠。我們忍不住將車停在道路旁，下車眺望這片種滿葡萄樹的綠坡，視野幾乎沒有什麼遮擋，放眼望去，全是寧靜的葡萄園，風景裡有一種規律的秩序感令人心情平靜舒暢。

五星級的小花村

　　葡萄園結實累累已到了準備採收的季節，空氣中彷彿充滿甜香氣息。此刻時間尚早，園子裡靜悄悄地，我倆躡手躡腳偷偷踏進園子裡，想為葡萄果拍幾張近照，卻深怕驚擾了休息中的人家，以為我們是葡萄賊。小巧豐潤的葡萄果實此時沐浴在晨光中，一串串垂垂飽滿散發出柔和光輝，更顯嬌媚。

美村標誌

　　此刻，我們正置身在小花村艾古斯漢附近的葡萄園裡，淡淡甜香隨空氣四處瀰漫，這片土地孕育出的葡萄果實，是上帝賜給阿爾薩斯最珍貴的寶物，採收後的葡萄可釀造出頂級的麗絲玲白酒。小村不僅美酒聞名，還有另一項最吸引人之處，它是阿爾薩斯酒鄉之路上最知名的一座小花村，擁有全法花卉城鎮競賽四朵花的最高頭銜，美麗繽紛的小花，一簇一簇，一片一片，隨風翻飛在河畔、田野、路旁或古宅院落，迷離浪漫，輕柔如夢……我

在腦海裡勾勒著這樣的畫面，滿心期待著與她的第一次接觸。

　　與滿園葡萄園做了近距離接觸，又拍了許多結實累累的照片後，我倆滿意開車離開，朝村口前進。從車窗看出去，村落近郊多是幾戶人家自成的社區，規劃得整齊乾淨，每一戶人家前似乎都有個小庭院，栽植著季節之花，以及隨意布置的擺飾，房子也整理得潔淨明麗，洋溢著一種恬靜的生活喜悅。還沒進入村中心，一路上遠遠近近映入眼簾的都是繽紛小花朵，以搖曳輕盈的歡欣之姿迎接我們，我坐在車裡驚呼：「真的已經是秋天了嗎？怎麼花朵還能開得如此燦爛呢？」

　　艾古斯漢的建村歷史最早可回溯到 9 世紀，當時，阿爾薩斯的領主在這裡建立第一座城堡，村莊以堡壘的形式一圈圈地環繞城堡，形成有如同心圓般的特殊結構。村子不大，村中心有一個小廣場，廣場中央有一座小噴泉，粉的、紅的或白的小花蕊團團簇簇點綴著泉池四周，中間立著一尊雕像，那是 11 世紀時誕生於此地的教宗李奧九世（Leo IX）。廣場四周有許多色彩明亮的木筋屋，酒莊、小旅館及販售紀念品的商店就聚集在這裡，形成一個小小的商業市集，最醒目的一棟建築莫過於屋頂鋪上彩色琉璃瓦的李奧九世教堂。

　　在西方宗教史上，李奧九世曾經引起一場影響深遠的宗教改革。1054 年，時任羅馬教宗的李奧九世，與君士坦丁堡大主教賽魯拉里（Cerularius）因為三位一體信仰而發生

甜點鋪

小花村，處處有花影

爭執，互相開除對方教籍，處以破門律，引起基督信仰的第一次分裂。以羅馬為信仰基地的拉丁教會被稱為羅馬公教，以君士坦丁堡為信仰基地的希臘公教則被稱為東正教，開啟日後歐洲宗教改革的先端，影響深遠。

　　教堂屋頂上一座明顯的鸛鳥巢常引起許多遊人的注意。還記得初夏的 5 月時節，我

1 鮮花點綴的泉池　　2 李奧九世廣場　　3 李奧九世廣場的彩色樓房　　4 明亮的酒莊　　5 小巧的鴿舍小屋

沉醉東法：阿爾薩斯・洛林・香檳

1 酒莊店招牌　2 旅館大門　3 午後陽光安靜灑落小街　4 以觀光車代步遊賞艾古斯漢
5 每個店招牌都像一幅精緻的小插圖

手繪彩圖，每一張都有編號，也附上詳細的解說　　　　　窗臺上的小兔子

們第一次來到這裡，那時教堂屋頂上可以看見一對鸛鳥夫妻正忙著築巢，迎接即將到來的新生命，偶爾還能看見鸛鳥展翅翱翔藍天的美麗身影。等到 9 月再來，鸛鳥家族已不見身影，我抬頭看了看空空的巢穴，對 Daniel 説：「牠們此刻應該舉家南度，飛往非洲避冬了吧！」

沿著堡壘路，繞一圈

　　廣場附近有家糕餅店，是當地小有名氣的連鎖店，我們買了一袋現烤出爐的餅乾隨身帶著，打算邊走邊嘗，好好逛逛這個令人愉悅的小村。從地圖上顯示，村子最大的一條路應該就是貫穿東西被稱為大道（Grand Rue）的這條路，那些一層層環繞村子的小路命名相當有趣，麗絲玲小路（Rue du Riesling）、麥斯高小路（Rue du Muscat）、花朵小路（Rue du Fleurs）、葡萄園小路（Rue du Vignoble）等，以在地特有的酒或花朵命名，看來也是對村落的一種行銷宣傳。那些圈圈環繞的小路中，保留最完整，也最人氣的一條，莫過於堡壘小路（Rue du Rempart）。堡壘小路分南北兩端，相連在一起圍成環狀，地面是年代久遠的石板路，兩側全是歷史悠久的老房子，我倆就將重點放在這條路上，開始探遊。

　　信步瀏覽，Daniel 指著牆上一幅有編號的彩色手繪圖案要我看。「好像是木筋屋的解剖圖，還附上詳細的說明，告訴遊人它的構造。」接下來，我們又在其他地方陸續發現許多張手繪彩圖，每張都有編號，也附上詳細的解說，就像有次序的連環圖，告訴我們小村的建村歷史、修復屋瓦的技術、釀酒的過程等，我們總共找到了 10 幅，串起來就

在堡壘路散步，欣賞細微生活小景

是迷你版的小村簡史呢！即便不懂法文，光看圖也能略知一二。

　　這真是一條迷人的小路，入口處一棟名為鴿舍小屋的小房子，是第一個讓人雙眼發亮的焦點，秋日的陽光拉得好長，靜靜照在小路上，宛如日本導演小津安二郎緩慢的鏡頭，悠然掃過小屋的陽臺，小路兩側數百年的房舍、掛著串串紅心的木窗、窗臺上打呼的貪睡小貓、垂掛屋簷的小吊飾⋯⋯我總是著迷於這些細微的日常景致，它們組成的畫面就是我對小村的記憶。

　　美感的真功夫往往藏在巷弄民宅日常的生活裡，一路走走停停看下去，就像走在一個時光停駐的片場裡，有時靜靜凝視一道照在老牆上的光，看那光影漸漸拉長，游移、閃爍在某戶人家種植花朵的窗臺上，那本身就是一種美感的體驗了，人閒花香、歲月靜好，艾古斯漢讓我記住了美好生活的感動。

1 動人的日常小景　2 堡壘小路上精緻的店招牌　3 環狀的艾古斯漢地圖　4 宛如藝術品的精緻店招牌
5 餐廳的人形招牌

1 花窗　2 民宅的彩繪門牌　3 飛燕與光影

資訊補給站

▶交通
從科瑪火車站前搭 208 號巴士，約 30 分鐘。週日停駛。

▶旅遊訊息
網址：www.ot-eguisheim.fr

成熟待採的葡萄果實

凱斯堡
（Kaysersberg）
帶著巴哈到非洲

凱斯堡最熱鬧的戴高樂街

　　小酒館瀰漫著德式風情，觀光客坐在那裡的姿態輕鬆極了，一杯冰得透涼的生啤酒，加上一碟小脆餅，就能消磨半天時光。在阿爾薩斯旅行，被喚為 Winstub 的小酒館很多，讓我們的白日閒晃有許多落腳歇息之處。這裡的小酒館，或可稱為啤酒屋，融合德法風情，外表看起來就像是精緻古典的樓房，兩層或三層樓高的牆體，上下排列外推的木頭窗，窗外有擺放鮮花的小露臺，微風吹拂送來縷縷花朵清香，花瓣婉約舞動惹人憐愛。小酒館有著斜屋頂、魚鱗瓦，牆身大多漆成桃紅、鵝黃、湛藍等鮮豔色彩，配襯直或橫的木筋樑，如油彩畫般活潑明朗。當年德國人占領這塊土地時的影響還保留至今，德法文化從語言、飲食到日常生活濃得化不開地交融在一起。

史懷哲醫師的誕生地

　　我們坐在凱斯堡戴高樂街上的一間小酒館裡，喝阿爾薩斯當地特有的啤酒，金黃色的啤酒汁口感柔順，搭配鹹酥的小脆餅，兩種滋味巧妙地在口中迴旋，相互奏鳴，竟是如此和諧。坐在酒館靠窗的位子上望出去，可以眺望凱斯堡的教堂廣場與樹影街心，這座從羅馬時期就已存在的村子，歷史久遠，村子裡有保存完善的中世紀建築，彎彎曲曲小巷錯落著從文藝復興時期就已存在的各式各樣老房子。小村的地標是聖米歇爾教堂，帶著文藝復興與巴洛克的建築風情，每到整點就會從教堂鐘塔傳來響亮鐘聲。這個小村最令人津津樂道的有兩件事，其一是每年 12 月固定舉辦的耶誕市集，將此地妝點得熱鬧

沉醉東法：阿爾薩斯·洛林·香檳

繽紛；另一件事是有「非洲之父」之稱的史懷哲醫生誕生於這裡，他的故居就在小村裡，也是我們此行參觀的重點。

　　1875 年，史懷哲誕生於阿爾薩斯的凱斯堡，因為當時該地受德國統治，德法兩種語言在當地通用，雙語的環境造就史懷哲自小對這兩種語言應用自如。史懷哲很晚才走上醫學這條路，大約在他 30 多歲時，在此之前音樂是他的最愛，從 5 歲起就展露音樂天賦，特別是管風琴的演奏方面，受到祖父的啟蒙與影響，8 歲便開始在教會彈奏管風琴。長大後，史懷哲醉心於研究巴哈的音樂，並在史特拉斯堡進修哲學、神學與音樂，如果照著這樣的規劃走下去，他應該會成為哲學家、神學家或音樂家吧！可是，人生卻在 30 多歲時來個大轉彎，他突然決定去念醫學。

聖米歇爾教堂

古典的中庭迴廊

　　人生有時就是這樣，一個不期然的關鍵時刻到來，突然頓悟，捨得一些捨不得的，有了反思、有了改變，就往另一條路上而去，從此展開一番全然不同的風景。

帶著巴哈到非洲

　　清澈的威恩河流水潺潺，夏末初秋，天氣依舊十分晴朗，燦爛的陽光照在梧桐葉子上，一片片形成各種變幻不定的光影，茂密的樹蔭將午後的陽光篩成細碎的金色圓點，我抬起頭瞇著眼睛，看樹葉間隙中閃亮的光，光影彷彿在對我眨眼。想到剛才開車行來，路上所見盡是一望無際的綠色田園，離大自然那麼近，天地是那麼寬闊，心靈也跟著舒展起來。在廣場歇息夠了，我們繼續沿著戴高樂街前進，尋找史懷哲故居。

　　史懷哲故居位於戴高樂街 126 號，如今已改成史懷哲醫師的博物館，收藏他在非洲地區行醫時的手稿、文件、照片、衣物、收藏品，以及新聞報導等，相當珍貴。

到小酒館喝一杯吧　　　　　　　　　　　　　可愛的店招牌總是很吸睛

　　我們買票入場後，一進門就發現入口左側一架模樣特殊的鋼琴。應該就是當年史懷哲經常彈奏的那款結合鋼琴與管風琴設計的特殊鋼琴吧！跟隨他一起前往遙遠的蘭巴倫納（Lambarena）地區，從文明到蠻荒，他帶著精緻的古典音樂，讓心中最喜愛的巴哈陪伴他在非洲度過三十多年時光。我看著那架木製的簡樸鋼琴，心想，從小學習音樂的史懷哲，在音樂中找到信仰的力量，將巴哈視為心靈導師，音樂賜給他美與力量，這兩樣珍貴的禮物，讓他能在非洲那片蠻荒之地，面對種種艱難，衝破層層阻力，聽見迴響在自己內心深處，為貧困的弱勢族群奉獻之音。

　　38 歲那年，史懷哲決定到非洲蘭巴倫納行醫，救助貧民，這架鋼琴陪伴他在非洲度過無數個寂寥的日子。在那裡，他並沒有荒廢琴藝，常利用行醫之餘的閒暇時間練琴，反而琴藝日益增進。後來，為了籌備興建蘭巴倫納醫院的資金，史懷哲開始舉辦慈善募款的演奏會，到歐洲巡迴公演，獲得廣泛的支持與好評，來自各方的善款源源而來，終於讓他募得足夠資金，在蘭巴倫納蓋了第一座醫院。不計成本，不講代價，這位濟世救

1 凱斯堡老街　2 工作坊的店招牌　3 村子裡有保存完善的中世紀建築
4 凱斯堡仍殘留羅馬時期的古城牆　5 中世紀時代的建築

史懷哲博物館　　　　　　　　　　　　　　　陪著史懷哲醫師到非洲的鋼琴

人的仁醫，完全不計較自己的付出，他的善念吸引了善念，形成善的循環，黑暗的非洲大陸因為他而終於有了溫暖的陽光。

　　走進展覽廳，馬上可以感受到一股濃烈的非洲氣息，展廳裡陳列許多史懷哲在非洲居住時的收藏品及生活器物，像是木製的面具、家具、飾品、雕塑，還有造型奇特的獨木舟。叢林一層又一層環抱著險夷之地，陌生而神祕的河流蜿蜒茂林之間，像一條銀白色的蛇，努力竄動，彷彿尋找出路，當年，史懷哲就是駕著這艘獨木舟在叢林間探險吧！牆上掛著許多黑白老照片，都是史懷哲當時在非洲的生活照，從中可以想像當時的環境有多曲折險峻，開墾之路有多艱辛。

　　我看著牆上的史懷哲照片，照片中的他總是戴著白色有帽沿的圓盤帽，頸上掛著醫生用的聽診器，嘴上蓄著蓬蓬的鬍子，衣領上繫著黑色蝴蝶結，雙眼笑咪咪的，就像一位慈祥的長者，氣質溫文儒雅，讓人覺得親切。一位獻身醫療的理想主義者，憑藉著對

1 史懷哲醫師的畫像　2 蘭巴倫納與凱斯堡友好的旗幟　3 從非洲帶回來的獨木舟

上帝的信仰，以及本身的熱情、毅力與勇氣，造就了傳奇，成為讓世人永遠懷念的典範。

史懷哲行醫時用的聽診器與招牌圓帽

1 街上的甜點鋪　2 從羅馬時期就已存在的村子，保存完好的中世紀建築　3 漫步凱斯堡
4 出門逛街的狗狗　5 手工藝品店　6 威恩河

像白色巧克力的木筋屋

資訊補給站

▶交通
從科瑪火車站前搭 145 號巴士，約 30 分鐘。週日停駛。

▶旅遊訊息
地址：39 Rue du Général de Gaulle
網址：www.kaysersberg.com
時間：週一至週六 09:30 ～ 12:00、15:00 ～ 17:30。
公休：週日

薄薄花瓣婉約舞動

阿爾薩斯 Alsace

希格維爾
（Riquewihr）
親愛的漢希

一個店招牌就像一則童話故事

　　我在科瑪鬧區的小街上，走著走著，一抬頭發現那個小巧的店招牌，整個感覺就像一幅溫馨可愛的童話。身著條紋長褲，胖嘟嘟的大廚雙手舉盤托著美食，步履軒昂；身穿阿爾薩斯傳統服飾的小女孩牽著大白鵝，開心準備出門；最有趣的是坐在矮凳上的白鬍子修士，雙手捧著《聖經》對一頭蹲坐在他面前的粉紅小豬解說！

　　「粉紅小豬聽得懂《聖經》嗎？」我忍不住莞爾，彷彿就是一個可愛的奇蹟。畫面邊緣角落處還有幾個小小字母，組成一個名字 Hansi，我一下子就記住了他，還沒來阿爾薩斯之前就想著一定得抽空去他的美術館，看看他的作品。單純的線條，明朗的色彩，以獨特漫畫般的筆觸描繪著阿爾薩斯在地風光，感覺相當天真無邪，是那種讓人看了就會心情「咻」一下變得寬廣開朗的圖畫。

熱愛阿爾薩斯的在地畫家

　　漢希（Hansi）生於 1873 年，原名 Jean-Jacque Waltz，1870 年普法戰爭後，阿爾薩斯與洛林兩省被割讓給普魯士，出生阿爾薩斯的漢希是位愛國心強烈的畫家，藉由繪畫表達對故國熾熱的情感。他一生的繪畫主題總是圍繞著家鄉，同時也是個孜孜不倦的教育家，在故鄉教導當地的孩子作畫，用風趣幽默的寫實筆觸描繪阿爾薩斯的百姓生活，最常見的題材是——在彩色木筋屋圍繞的小村廣場上，一群頭戴大蝴蝶結帽與圓盤帽、身穿紅白黑三色相間傳統服飾的小孩正快樂玩耍，周遭有雞鴨鵝群作陪，村子教堂的尖塔

上還有鸛鳥築巢，慈祥的老奶奶坐在一旁繡花，溫馨和樂的畫面撫慰著人心，掩飾著被他國占領下的哀傷。如今，阿爾薩斯許多風景名信片、紀念品，或是鐵鑄的店招牌，都是直接取材自漢希的畫，可見他在當地受歡迎的程度。

沒有聲嘶力竭的抗議或哭訴，只是在畫面上偶爾會出現一面藍白紅相間的法國國旗在空中飄揚；或是在歡慶的慶典上，一隊無情的普魯士士兵走過。漢希用他的彩筆繪出對家鄉的喜愛與表達愛國的情感，他筆下的人物都很純真樸實，沒有愁苦的神情，反而帶點風趣的幽默感，或許，這就是畫家想要表達的心情吧！即使生活再怎麼哀傷，仍要好好過日子，更不能失去幽默的力量，讓心頭有活力的泉源湧進。

善用裝飾物增添陽臺的趣味性

典雅的小郵局

尋找漢希小學堂

阿爾薩斯的希格維爾，是一個被譽為「發亮的珍珠」的美麗小村。自古以來，這裡就是阿爾薩斯白酒的集散地，出產麗絲玲、灰皮諾、格烏茲塔名那等頂尖美酒，四周還有美麗葡萄園風光，傳統的彩色木筋屋一圈圈將希格維爾包圍成一個彩色童話小村，已被列為法國「美村」，一年四季總能吸引絡繹不絕的觀光客。

我們在陽光明媚的早晨前來，花 2 歐元，買票停好車，滿懷期待地走進這個美麗小村。入口有一道噴泉，我們到的時候，泉水正嘩啦啦地向上湧出，彷彿一個親切的招呼；一旁還有個小巧的郵局，粉彩小樓繪有如花草般古典細緻的圖案，我看了忍不住稱讚：「好像一棟氣質高雅的小旅館呢！」村子最熱鬧的是戴高樂將軍街（Rue du Général de Gaulle），街道兩側全是商店、酒莊、餐廳或啤酒屋，沿著這條路往前走就能看見希格維爾的象徵，一座高聳的方形鐘塔，旅人抵達這條街，很容易就會「淪陷」在這些精緻小

粉彩小酒館　　　　　　　　　　　　　　　　賣麵包的小舖

巧的商店裡，輕鬆消磨掉半日時光，捨不得離去。

　　我們這次來，最主要的目的是參觀漢希美術館（Musée Hansi），裡面收藏漢希留下來的許多畫作與設計品。最有趣的是還有一座漢希小學堂，聽說就在美術館裡，我這個漢希迷得知後，怎能不去看看！

　　美術館位在戴高樂將軍街16號，是一棟傳統的木筋屋建築，1樓目前為美術館商店，陳列許多由漢希作品延伸出來的文創商品，陶器、酒杯、酒瓶、餅乾盒、明信片、文具用品等，每一款都有漢希設計的可愛圖案，非常討喜。2樓才是美術館，一道螺旋小樓梯引領我們入內，美術館不大，是漢希在世時曾經居住過的地方，隔間簡單，絲毫沒有多加粉飾之處，宛如走進一間樸實的民宅，很親切地就貼近你的心。牆上掛了一幅幅漢希的畫，其中有個布置成小學教室般的空間，就是漢希曾經教導小朋友作畫的地方。

1 老屋上的動人光影　2 希格維爾的小商店　3 賣酒的商店　4 戴高樂將軍街　5 餐廳一角

1 漢希美術館　2 漢希親手設計的文創品　3 漢希設計的娃娃　4 漢希的漫畫
5 漢希手繪的木屋　6 漢希製作的彩繪玻璃

漢希與小女孩

漢希側影

純真的心，溫暖的畫

我們很幸運，這個時候除了我們之外，並沒有其他的參觀旅客，也沒有看守的管理員，彷彿就是專為我倆開放的美術館！可以花點時間盡情欣賞他的畫。

愉快的畫、節慶的畫、田園牧歌般抒情的畫，漢希筆下的人物總是神情生動。廣場上的人，男女老少開心唱著歌、逛市集；藍色的門、綠色的植物、黃色的牆、紅棕屋瓦；空氣裡飄著節慶時的歡樂氣息，村民圍著放滿食物的餐桌親切交談，地上圍著小雞小鴨小鵝小花貓，彷彿也在參與著什麼討論，臉上充滿喜悅滿足的笑容。這樣的畫，看似不是多麼了不起，但讓人感覺到真實的生活氣味與呼吸，畫裡的人曾經真實存在過，也許現實生活並非真的很美好，但依然認真活著，喝著酒、唱著歌，用開朗的心迎接生活的不如意，這樣的感覺是漢希想要傳達給看他畫的人。

小教室是美術館裡最大的展間，布置成像小學的教室，鋪著黃色瓷磚的地上放置六張長條形的木桌及座椅，小小窄窄的，看上去就是專為小朋友而準備，兩側牆面上掛著

漢希住過的房間

漢希喜歡描繪阿爾薩斯的在地風情

一些漢希的畫,桌椅前方有一張較大的長方形書桌,桌上放著地球儀、飛機模型與幾張漢希的畫。「地球儀與飛機?」看見這兩個物件,我不禁想像當年漢希上課的情景,他一邊教導小朋友作畫,一邊傳授地理知識,告訴學生們要有世界觀,而他自己或許也有旅行的嚮往吧?離開教室從家裡飛出去,一個充滿好奇心的藝術家,滿懷著探索世界與未知的理想。

書桌旁還有一張小桌,旁邊掛著一個皮製的手提包,表面已因為歲月而呈現滄桑的質感,我想,這就是漢希以前常用的包包吧!這裡的擺設仍是漢希時代的擺設,當年許多純真的孩童也曾像我一樣踩著螺旋小樓梯來到這裡,跟著漢希學畫畫。

教室旁有另一個小房間,引起我的好奇,走進去看,原來是小型的書房,書桌上擺放簡單的畫具、紙筆,還有乾掉的油彩,那應該就是漢希作畫時曾經用過的工具。長長的窗子外是小村的街角,上演著日常生活,坐在教室裡可以聽見希格維爾鐘塔敲打的鐘聲,許多安撫人心的畫作就是在這裡完成的,從漢希的心裡流瀉出他真摯的情感。

房間裡最吸引我的是幾張黑白老照片,那是漢希晚年時一邊作畫,一邊與當地孩子合拍的照片。照片裡的老畫家,頭戴寬邊的紳士帽,身穿黑色西裝,像個慈祥親切的老爺爺,坐在小凳子上,腳邊放著那只隨身的黑色提包,正將他的畫拿給一群圍觀的小朋友看,小朋友們面帶笑容沉迷其中,就連心思毛躁的小孩子也喜歡他的畫,亦被他畫中的生動內容安撫了。

看完畫,買了一些紀念品出來,我和 Daniel 都為這個美好的看畫經驗而感動著,兩個人坐在村子的小廣場上喝咖啡歇息。我突發奇想,喜愛捕捉日常生活場景的漢希,假如還在世上,他會不會正坐在這裡的某個街角寫生,拿著畫筆,將我們兩個人也畫進他的畫中呢?

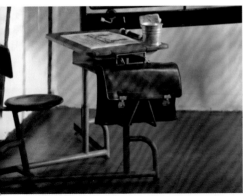
漢希用過的老皮包

漢希小學堂

資訊補給站

▶交通
從科瑪火車站前搭 106 號巴士，約 30 分鐘。週日運休。

▶遊客中心
地址：2 Rue de la 1ère Armée
網址：www.ribeauville-riquewihr.com
時間：3 月下旬到 10 月上旬、12 月週一至週六 09:30 ～ 12:00、14:00 ～ 18:00，週日
　　　10:00 ～ 13:00；10 月上旬到 11 月、1 月到 3 月下旬週一至週五 10:00 ～ 12:00、
　　　14:00 ～ 17:00。
公休：10 月上旬、11 月、1 月到 3 月下旬週六、週日。

▶漢希美術館 Musée Hansi
地址：16 Rue du Général de Gaulle
時間：2 月到 12 月 10:00 ～ 12:30、13:30 ～ 18:00。
公休：2 月到 6 月週一、1 月。
門票：€3

希伯維利
（Ribeauville）
樂師的
歡樂嘉年華

吹笛手樂隊

　　希伯維利是個非常古老的小村，早在 8 世紀就已存在了，拿著地圖和旅遊書，一路上抬頭就能看到幾百年前的房子，塔樓、廣場、窄街，還有文藝復興風格的老教堂，高高的藍天上常會見到幸運鳥展翅飛過。這一帶是阿爾薩斯幸運鳥的保育中心，鳥兒不僅在這兒築巢，繁殖下一代，也為這個小村帶來了幸運。希伯維利的意思是「美麗小村」，小村不僅風景秀麗，也是阿爾薩斯名酒麗絲玲與名產蝴蝶脆餅（Bretzel）的產地，每年 9月更以「樂師節」（Pfifferdaj）慶典而遠近馳名，吸引觀光人潮，風景美、食物佳，再加上熱鬧的節慶，為小村帶來豐富的觀光收入。我們很幸運，在 9 月初前來，剛好「碰巧」遇到了一年一度的「樂師節」，古老的慶典，樂師的長笛在這裡吹著永恆的樂音，我們也拉長了耳朵，聽著響亮的樂音前往。

「樂師節」的由來

　　早上 9 點不到，金陽就已照耀大地，一片燦爛，暖烘烘的日頭讓人懷疑時序已然進入初秋。我和 Daniel 駕車沿著酒鄉之路前往希伯維利，旅遊書上介紹，這村建於 8 世紀，是酒鄉路上保存完好的一座中世紀小村，也被票選為擁有「四朵花」美譽的美麗花村。

　　車子還未開到村子口，就發現許多準備進村的車子排在我們前面，正努力尋找車位。我有點擔心地說：「這下可好了，會不會找不到車位呀？感覺像是一個相當大的慶典，應該很有趣喔！」自從曾經有一次在法國因為亂停車而被拖吊受罰的經驗，我們日後停

全村都是表演舞臺

吹笛手

車總是特別小心，畢竟，一旦被拖吊，人生地不熟，處理起來實在太麻煩了。村子口的大型停車場早已一位難求，我們繞了繞，看來是沒位子，就乖乖地往離村子較遠的住宅區駛去，找到停車位，確認無誤且不需收費後，才徒步進村。

我向來對歐洲中世紀的傳奇故事或人文藝術抱有濃厚的好奇心，這一天知道希伯維利將有一場盛大的古代樂師節慶，心中便充滿嚮往。據說希伯維利的「樂師節」已有六百多年歷史了，當時，是因為一群流浪在村鎮間的樂師們為了可以繼續表演，而尋求領主的保護，於是約定每年 9 月的第一個週日在這裡舉行樂師節，向領主繳交稅金，宣誓臣服。Daniel 聽了我的解釋，這樣說：「我曉得了，領主就像地方的角頭，這些可憐的樂師們為了討生活，只好向角頭繳交保護費，以期能夠在此繼續生活。」其實，他比喻得沒錯，中古封建時期，地方領主掌管人民的衣食住行，權力龐大，當時的社會動亂頻仍，封建領主各據一方，大小衝突不斷，可憐的農民百姓必須每年繳交農作物或稅金給領主，以獲得保護。

人群越來越多，大家紛紛朝村口前去，我們也步行在後，沒多久就來到村口前的大廣場。好多人啊！除了參觀的遊客之外，還有準備表演的樂團呢！樂師們都以中世紀時代的妝扮呈現，簡直像是到了古裝片的拍攝現場！這一天，希伯維利宛如一個巨型的露天表演場，必須買票才能入村欣賞表演，成人一張票 8 歐元，管理員在村口設下驗票口，驗票後會在手背上蓋一個入場戳章，之後可憑戳章整日不限次數進出。因為，表演活動包含樂隊的演奏與戲劇的演出，還有熱鬧的創意市集，將從早到晚持續一整天呢！

我倆興奮地買票入村，這個曾經在法國花卉城市競賽獲得四朵紅花最高榮譽的美麗小村，果然名不虛傳，粉彩色的木筋屋、花朵裝飾的窗臺、醒目的手工店招牌，讓人看得目不暇給，到處都是明亮的色彩，節慶的歡樂氣氛正隨著參觀人潮散布到村子各角落。

吹笛手木雕

吹笛手是希伯維利的象徵

樂師們的歡樂派對

　　「樂師節」舉辦的地方是從村子口的古諾廣場開始，進場的隊伍們會沿著村子最主要的大道吹吹打打一路遊行向前，到市政廳前的廣場進行表演。主辦單位在市政廳廣場搭起看臺方便觀者欣賞，村子裡的幾個小廣場也不定時會有樂團隨性進行演出，總之，像是沒有特別節目表的一場歡樂派對，保持村落藝文團體小型演出的靈活特性，常讓人有意外的驚喜發現。

　　我們隨著人群，以及進場的隊伍，在村子裡繞遊，笛音、鼓音、喇叭聲如潮水般自四方湧來，響徹我的耳畔，振奮我的精神，讓我的腳步跟著音樂節拍輕盈起來，開心找尋令我們覺得有趣的事物，其實也不需刻意尋找，隨時都有讓人眼睛為之一亮的裝扮或

1 村子裡免費的圖書交流　2 靜巷老宅　3 整齊的隊伍　4 圍觀的人群

1 認真敲打的隊伍　2 小鼓王　3 中世紀建築　4 中世紀裝扮的人

閒閒地品酒　　　　　　　　小酒館

表演映入眼簾，Daniel 的相機快門對準不同角度，喀嚓喀嚓響個不停，不想錯過眼前的每個畫面。

街角的小酒館生意興隆，人們倚著吧檯或坐在高腳椅上開心品酒聊天，你瞧——對街上，2 樓一扇向外開啟的木窗，一位中年男士正盯著大街看表演，看得出神。（登高望遠，我也好想能有一個像他一樣的位置，可以悠哉盡情看表演啊）

迎面走來一位披著黑色斗篷的仕女，一身中世紀的裝扮。（等等，怎麼她正認真講手機啊！好像上演時空穿越劇從古代回到現代了）

街角突然出現一位綠衣紅褲的怪俠客，坐在高腳椅上，腳上穿著一雙鞋尖翹成 45 度的短筒皮靴，對著經過身邊的人齜牙咧嘴。（喂喂喂，怪俠，別那麼凶好不好，嚇壞了人可不好啊）

一群身穿紅色長袍，頭上頂者一對惡魔角的女巫出現了，她們應該是準備在今天的戲劇演出的演員吧！臉上施以銀色的彩妝，閃亮地在陽光下好耀眼，連站在她身旁的小

男孩都看得出神了……。（嗯，那對高聳的惡魔角，有點眼熟，怎麼有點像安潔莉娜‧裘莉演出的黑魔女啊）

　　不知從哪裡飄來一股濃濃的麵包香，我們努力用鼻子嗅著，循香找到了來源處，一間麵包坊，上面寫著「遵循古法手工製作」，店門前早已聚集了像我們一樣聞香而來的麵包迷，剛出爐的一條大型棍子全麥麵包，烤成誘人的咖啡色，表皮有著菠蘿麵包般的裂紋，看起來就是質地紮實、天然好吃的麵包。賣麵包的可愛法國少女親切地將切成小塊的麵包遞上請我們試吃，香脆的全麥麵包一入口就有股蜂蜜的甜香，還有濃郁的核桃仁伴隨其中，嚼起來一點也不乾澀，真是新鮮美味，這樣的麵包出乎意料地並不貴，一公斤 5 歐元，現點現切，保持柔軟的新鮮與溼潤度。「明早有美味健康的麵包可以享用了！」買完付帳，我心滿意足地拎著沉甸甸的麵包。

綠衣紅褲怪俠客

　　走出麵包店，我們來到市政廳前的廣場看臺，找到兩個位子，悠閒坐著看表演。市政廳是一座建於 18 世紀的古典建築，每年節慶結束前，市政府廣場旁的那座小噴泉，原本汨汨流出的清泉會換成美酒，源源湧出供人無限暢飲。對面有一座琉璃瓦裝飾的教堂便是希伯維利的信仰中心。看臺上，此刻已坐滿了人，將廣場團團圍住欣賞表演，我環視四周，藍藍的天、悠悠的雲、輕快的演奏、愉快的欣賞，從來沒有想過，在這個小村會讓我遇到這樣一場節慶，而且竟是超乎預期的精采。旅行就像人生一漾，在不刻意的經營或希求下，有時往往會有超乎預期的驚喜。

　　這就是旅行之所以吸引人的地方吧！

魔角女巫

優雅的吹笛手　　　　　　　　　　金剛芭比

資訊補給站

▶交通
從科瑪火車站前搭 106 號巴士，約 45 分鐘；搭 109 號巴士，約 30 分鐘。週日停駛。

▶旅遊訊息
地址：1 Grand Rue
網址：www.ribeauvill-riquewihr.com
時間：3 月下旬到 10 月上旬、12 月週一至週六 09:30 ～ 12:00、14:00 ～ 18:00，
　　　週日 10:00 ～ 13:00。10 月上旬到 11 月、1 月到 3 月下旬週一至週五
　　　10:00 ～ 12:00、14:00 ～ 17:00。
公休：10 月上旬、11 月、1 月到 3 月下旬週六及週日。

於那維
（Hunawihr）
幸運鳥的保育地

白鸛保育中心入口

　　阿爾薩斯有三多，一是美酒美食多，二是美村花村多，三則是自然生態保護區多。我翻了手邊收集來的資料，上面提到幅員不大的阿爾薩斯，境內有 20 多座自然生態保護區，其中面積較大的孚日山一帶，已被聯合國教科文組織評定為歐洲第一個跨界的自然生態保護區，鄉野村鎮間也零星散落著小巧宜人的公園或動物園，這些用心經營的綠色療養地是許多即將滅絕的動植物在地球上最後的庇護所，蝴蝶、獼猴、獵鷹、北極熊，還有阿爾薩斯的吉祥物代表白鸛，在此得以繁衍生存下去。這天，我們決定挑選位在美村於那維附近的白鸛保育中心走走。「書上介紹，裡面有 200 多隻白鸛，還有海狸、水獺、鸕鶿……好多好多有趣的動物喔！」我童心大發，興奮地對 Daniel 說。

酒鄉之路上白鸛保育中心

　　午後 2 點來到於那維，四下靜寂，幾無人跡，就像一個沉睡中的小村。我把隨身攜帶的旅遊指南又看了一次，確認方向，沒錯，我們要找的白鸛保育中心應該就在這附近。位在酒鄉之路的於那維也屬法國美村之列，置身此地舉目四望都是葡萄園，葡萄樹一列列沿著和緩的斜坡生長，雙眼看去的風景都是綠色的視覺體驗。於那維的地標教堂就以山巒為背景，佇立在一片寧靜舒爽的綠色中，此刻的心情就像晾在竹竿上新洗的衣衫一樣，隨著陽光下的微風飄呀飄，遠離塵囂且悠哉放鬆，如果搬張椅子坐下來，應該就會迷迷糊糊地跟著小村一起睡著了吧！

「妳看那裡！」順著 Daniel 手指的方向，一兩隻白鸛正展開雙翅優雅地劃過頭頂上方的藍天，感覺離我們好近！在靜靜的午後側耳傾聽，白鸛正發出噠噠噠的聲音。Daniel 轉動方向盤循著路標指引繼續往前駛，不一會兒，就抵達了保育中心。

瀕危動物的歡樂園

電影《快樂腳》中，活潑的小企鵝會扭著身子搖搖擺擺，黑色細頸的鸕鶿也出現在水族館裡表演生動的抓魚秀，還有數量逐漸稀少的歐洲水獺、海貍、海獅，更別說那快要絕跡的美麗白鸛了。綠林圍繞的阿爾薩斯白鸛保育中心成立於 1976 年，是這些動物的歡樂園，經過 30 多年的努力已做出成果，舉白鸛為例，「阿爾薩斯的白鸛數量截至 2011 年止，已從原來僅存的 3 對增加到 600 多對！」這裡也是歐洲第一個成立的水獺保育中心，「因為人類的濫捕濫殺以及水源的汙染，讓歐洲水獺的數量驟減，1986 年在阿

剛出生的小白鸛

全然展開的羽翼

爾薩斯已找不到一隻水獺的蹤跡！於是 1991 年，法國第一個水獺保育中心在這裡成立，1998 年一對名喚麥克與明月的水獺寶寶終於誕生了！」讀到這段文字，我不禁感慨，自私的人類用大量的濫墾濫伐、化學藥劑破壞自然生態，短短時日就能摧毀許多生命，然而，要再復育卻得付出好幾倍的時間與精力！也還好有這些默默付出的保育人士，讓地球上這些珍貴的生命得以繁衍。

我們買票進入園區，第一印象是園裡遠遠近近栽植好多綠樹，綠色枝椏隨著微風徐徐晃動，架上新開的紫藤花在我鼻尖留下淡淡香氣，小徑蜿蜒帶我們跨過木棧橋、繞過小池塘，來到一處又一處小動物的棲息地，第一次近距離接觸到這些平時看不到的生物，自己也跟著增長了一些知識。

歐洲水獺

水草間穿梭嬉戲

　　「原來，這就是經過保育誕生的歐洲水獺！」牠們長約 4 英尺、重約 20 公斤，體形豐滿，毛色健康，正在青翠的水草間穿梭嬉戲。踏入水族館又是一番全然不同的體驗，20 多種阿爾薩斯特有的魚類好像伸展臺上走秀的模特兒，在你眼前的玻璃長廊自在優游，還有剛換上亮麗春羽的鴛鴦、曲線優美的天鵝、眼神炯亮神采飛揚的黑色大公雞！在法國人心中，公雞是希望與誠實的象徵，早被法國人視為代表國家的吉祥物，眼前這幾隻昂首闊步的高盧公雞，看上去確實有幾分自傲姿態，就像世人眼中的法國人。

　　沒料到這個面積不大的保育中心卻有這麼多看不完的生態！我想，在這個五星級的療養中心，牠們應該可以快樂生長吧！

期待白鸛重返天地

　　春天是白鸛的繁殖期，成雙成對白色鸛鳥於園內的綠樹上共築愛巢，保育中心特別為這些美麗嬌客搭建了舒適的家，沿著林蔭小徑漫步，第一次得以如此近距離欣賞白鸛——有的挺立昂首，看似一身傲骨的仙人；有的垂頭翹腳，擺起招牌單腳獨立的姿勢，彷彿陷入沉思默想；有的彷彿正在求愛似的挺起胸膛翩翩起舞，展開的羽翼在陽光下顯得非常耀眼。

　　「那兩位鸛鳥先生是在爭風吃醋嗎？」我伸手指了指前方叫 Daniel 看，只見一隻鸛鳥不知是否醋勁大發，突然展翅朝另一隻飛撲過去，劍拔弩張之姿眼看就要鬥起來了！

　　生態環境的惡劣已成為世界關注的核心議題，地球環境的維護已是刻不容緩的事實，透過一點一滴長久努力的行動，世人看到了令人感動的復甦生機。白鸛從遙遠的非洲尼羅河畔渡海而來，勇於長途跋涉及冒險，因為數量急劇減少，目前在保育人士的努

1 美洲鼠　2 鸕鶿　3 優雅的天鵝　4 於那維村口

力下，得以順利繁衍。

　　我看著保溫箱裡剛出生的
白鸛寶寶，還未睜開眼睛呢！
毛茸茸的牠，如此單薄、瘦小，
相信未來在保育人員的悉心照
料下，牠會慢慢茁壯豐潤起來，
於天地間振翅高飛。

資訊補給站

▶ 旅遊訊息

網址：www.clgogne-loutre.com

蒙斯特山谷
(Munster)
綠坡上的
美食小屋

綠坡上的美食小屋

　　喜愛美食的法國人，天生對美食有一股崇拜，最令人佩服的一點是——不管餐館多偏遠，只要菜色佳，他們一定不辭辛勞趕去捧場，食物的品質永遠比交通方便與否來得重要。有許多廚藝高超或餐點一流的餐廳，就算是隱居山間也能吸引老饕到訪且生意興隆，儘管必須開車 1、2 小時才能抵達，他們還是會動身前往，就只為了吃一頓好飯。

　　這天，我們也學法國人，選定一家開在山谷間的小餐廳，口碑佳、風景好、價錢親民，雖然不太好找，但還是吸引我們登門造訪。

蒙斯特山谷

　　蒙斯特山谷藏匿於弗日山的群山之間，開車行駛在山間小路，兩側盡是高大挺拔的針葉林，感覺很像置身德國的黑森林地區，山谷間有美麗的大草原，綠色連綿的草皮上散布著疏疏落落的農家，自由放牧的乳牛東一群、西一群悠遊舒展在藍天碧坡間，帶著讓人安心的舒緩氣質，沉穩地緩緩移動，甩著牛尾巴，黑白色的身影搭配綠色的山坡，看起來像幅畫。如果牛也跟人一樣，有分好命與壞命的話，我想，生活在這種環境下的牛隻，應該是屬於好命的那一群吧！牠們不需被擠壓在成排的牛舍中，被餵食含有汙染成分的飼料，施打抗生素，然後產出的乳製品進了我們的身體，也間接影響我們的健康。讓牛隻過好的生活，在開放的環境中以傳統的自由方式飼養，吃著大自然提供的食物，不添加化學物，其實也就等於讓消費者有優質的乳製品享用。

這一帶生產的蒙斯特乳酪相當有名，是阿爾薩斯在地的明星產品，還沒有光臨此地前，我們就在村鎮裡賣特產的商店及市場看見了它頻頻陳列在櫥窗裡，買來品嘗，口味溫和，乳香濃純，很好入口。

　　旅行時，遇見這樣的山野，總會讓我憶起童年的一段時光。

　　我的童年大約有五年的時光是在山裡度過。那時，因為父親奉派至嘉義縣一所偏遠小學——大埔鄉的中崙國小，我們全家便跟隨父親搬到山裡居住。大埔鄉，那偏遠的山區，雖然遠離都市，卻是個有好山好水還有溫泉的地方，不知名的小溪、河川，沒有汙染，清澈見底，我和哥哥、弟弟、妹妹可以在溪裡摸魚撈蝦，在河邊釣青蛙、捉蚱蜢，母親自己種菜養雞，山崗、河流、綠樹成為我的遊戲場，隨著四季流轉的野草閒花，蟲鳴鳥叫，豐富了我的心靈。現在偶爾回想起來，能生活在那樣的大自然裡，總讓我陶醉在一種說不出的感動中。旅行時，我總喜愛安靜悠閒的小村鎮，或許是受到童年的影響吧！

Les Musmiss

愉快地享受午餐

綠坡上的小餐館

　　風景秀麗的蒙斯特山谷，擁有豐富的大自然，山崗、綠林、野花、草原成為城市人健行踏青的好去處，更何況這裡有許多標榜自產自製的農家菜，保留食物中最自然的味道，有些菜色更是打著僅此一家、絕無分號的招牌，這樣的地方，有誰能不被吸引，不想去一窺究竟呢？

　　我們挑選的這家小餐館，名喚 Les Musmiss，查看電子地圖，畫面上只約略標出位置，沒有明確的公路編號，推測應是位在科瑪附近的山區，周遭盡是彎彎曲曲的山路。「就讓我們學學法國人尋找美食的精神，開車去找找吧！我想，應該不會太難。」Daniel 邊開車邊說。

牆上掛的超大牛鈴

餐廳一角

　　已過了中午吃飯時間，兩個飢腸轆轆的人，胸中漲滿了對美食的渴望，駕車在森林小路穿梭，憑著一點直覺和書上看來的印象，竟然開著開著就讓我們找到了，現在想來，還是覺得有點不可思議。

　　頂著三角斜屋頂的小餐廳 Les Musmiss，座落在一片點綴著星星點點粉色及黃色小花的綠坡上，遠看有點像阿爾卑斯山間常見的小農舍。「今天適逢週日，餐廳可能生意興隆吧？」我這樣想著，果然，慕名而來的客人已從室內坐到戶外了，用餐的客人一身登山健行的休閒裝扮，個個皮膚曬成了健康的小麥色，彼此相熟似的愉快交談，快樂之情洋溢臉上。

　　一踏進室內，撲鼻而來的食物香更加激起我們的食慾，室內幾乎滿座，濃醇的酒在食客的口中溫潤著脣舌，多汁鮮甜的肉餡在食客的口中咀嚼著。「就是那一款，好想也來上一塊啊！」我盯著桌上幾乎人人必點的招牌肉餡餅，想像自己的齒舌與味蕾被那味道滋潤的感覺。

　　「可是有位子嗎？」

　　今天我們的運氣實在太好了！在窗子附近剛好有兩個空位。打扮俏麗的年輕女侍帶我們入座，送上菜單。因為事前已做好功課，我們沒多加考慮就決定了餐點，餐前酒還是點我們最喜愛的格烏茲塔名那，主菜是招牌肉餡餅與火腿，最後的甜點則是不能錯過的 Siaskass，一種加了櫻桃酒的輕乳酪。

素樸味美的農家菜

　　餐廳裝潢走原木風格，天花板由橫條木鋪成，室內桌椅也是原木製成，牆上裝飾著

招牌餡餅

Siaskass

阿爾薩斯的風景照、飾品,以及與餐廳相關的報導。最特別的是掛在牆上那成排羅列的大牛鈴,有些調皮的食客,走過去會忍不住搖搖牛鈴,「噹噹噹」的低沉響聲總能引起在座者一陣愉快的笑聲,更增添了一股用餐輕鬆的氛圍,不像一般在法國上餐館時那樣拘謹安靜。這點我倒是十分喜歡,十足阿爾薩斯風格。

　　這家餐廳的上菜速度也不慢,不需等待又等待,等到令人幾乎要失去了耐性。沒多久,我們的餐點便上了桌。白色的瓷盤上擺著厚厚的肉餡餅,Daniel 目測肉餡的厚度足足有 7、8 公分,包裹在一層烤得香酥金黃的派皮裡,看上去就是真材實料。另一盤主菜是火腿什錦肉排,也是給得很大方,每一片的厚度足足有 2～3 公分,一旁陪襯著噴香的薯泥,兩者看起來都是那麼令人垂涎三尺,聞起來可口芳香。我趕緊切下一塊肉餡品嘗,它的味道那麼鮮嫩多汁,是我嘗過最好吃的肉餡餅。至於另一道火腿什錦肉排,味道也是極好,軟硬恰如其分,搭配著薯泥一起享用,好吃得讓人一口接一口,沒想到看似平凡無奇的火腿片與馬鈴薯搭配起來,竟會如此美味。

　　我們注意到,美食加上週日,讓我們周遭用餐的法國人看起來閒閒散散,相當輕鬆愉快,生活中似乎沒什麼事情是值得擔憂的,人生似乎就應該這樣的盡情享受。我突然想到,從臺北出發前,我常因為生活中的一些小事而苦惱,如今置身在這裡,感受到當地人傳遞來的歡樂氣息,那些不時叮咬在胸口的惱人小事變得一點也不重要了。我們就在這樣的用餐氣氛下,將桌上的食物全都裝進胃囊裡,最後,壓軸的,也是必點的甜點上桌了,這道甜點亦是該店的鎮店之寶,採用每日製作乳酪時,上面漂浮的一層乳清製成的一種輕乳酪,上面淋上濃醇芳香的櫻桃酒一起享用,乳酪的口感溫和,嘗起來有點像「豆腐」,滋味可口,相當特別,帶給我從未有過的味覺體驗。

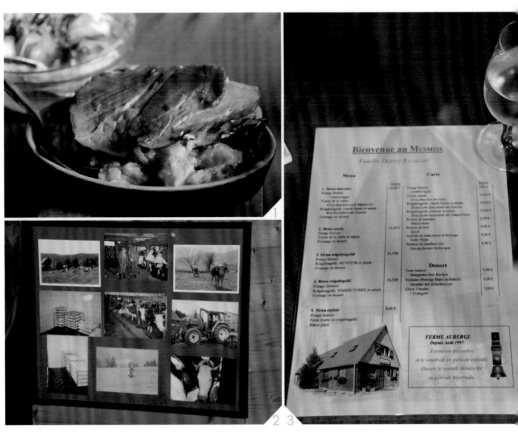

1 火腿什錦肉排　2 農場實際操作的照片　3 簡單的菜單

　　「今天真是幸運的一天呢！」我帶著滿足的笑容對 Daniel 說，他也深有同感。我們幸運地找到了這家遠離塵囂的小餐館，幸運地剛好有兩個空位，然後，又幸運地嘗到了該店招牌美味餐點。我想，旅行應該就是如此吧！像今天這樣，點點滴滴的小幸福加起來讓旅行如此美好，也讓記憶變得更加回味無窮。

尼德莫施維爾
（Niedermorschwihr）
尋找傳說中的
幸福果醬

尼德莫施維爾是個靜謐的小村

　　我在一本介紹阿爾薩斯美食的日文書籍中，發現阿爾薩斯住著一位被尊稱為「果醬女王」的甜點師傅——克莉絲汀‧法珀（Christine Ferber），一下子就心動了，決定一定要去她住的小村探探，聽說，她還在那個小村裡開了專賣自家果醬的甜點鋪呢！

用愛與耐心製成的果醬

　　出身阿爾薩斯糕餅世家的克莉絲汀‧法珀，祖父與父親都是糕點達人，從小在耳濡目染下也成為一位糕點師傅，比較特別的是，克莉絲汀的祖母瑪特在阿爾薩斯住家附近擁有一座美麗豐富的果園，種滿從大自然孕育出來的甜美果實與花草，賜予她創作時源源不絕的靈感與素材。

　　「第一次製作塔與果醬時，我只有一個想法，就是重現我、妹妹與祖母的小天地。」在《果醬女王的經典果醬課》（Leçons de confitures）這本書中，克莉絲汀‧法珀這樣寫道。

　　「瑪特充滿愛心和耐心，而且，還擁有一座種滿花卉與蔬果的花園。我們曾跟著瑪特下田、播種、採收，同時還幻想著她即將端出各式佳餚。這就是幸福，芳香且充滿繽紛的四季幸福。」

　　克莉絲汀的文字引領我走進一幅美麗的畫面——在祖母瑪特的花果園裡，花香與果香組合成的香氣自有其特色，按著四季的節奏以獨有步調綻放、結果，孕育出繽紛的色彩與芬芳，喚醒她的感官。在滿天星斗的夏夜裡，璀璨的花朵襯著綠葉，招來採集花蜜

葡萄園圍繞著小村　　　　　　　　　　　色彩鮮豔的民宅

的小蜜蜂，還有樹蛙、蟋蟀、鳥兒圍繞著她與祖母的月光花園，合聲唱著奇特的小夜曲，
嗡嗡哼吟為夏夜更添魔力……。

　　果醬的法文為 Confiture，克莉絲汀的果醬，從水果的挑選、清洗、削切、醃漬、燉
煮至裝瓶，全是純手工製作，利用新鮮水果本身富含的天然果膠，再加上糖、溫度的交
互作用，製成的果醬口感濃郁獨特。

　　「接骨木花草莓醬、香草格烏茲塔名那黃香李醬、蘭姆香蕉椰子果醬、檸檬馬鞭草
覆盆子果醬、香料麵包蜂蜜蘋果果醬、櫻桃酒核桃八角茴香阿爾薩斯蜜李醬……」書上
這麼介紹著，共有兩百多種呢！原來果醬也能有這麼多元的變化，充滿想像力的組合與
奏鳴。在千變萬化的果醬世界中，克莉絲汀的果醬不再只是配角，反而搖身變為餐桌的

1 教堂鐘塔　2 古典小樓　3 村公所　4 果醬鋪外觀

克莉絲汀的果醬鋪

克莉絲汀的果醬櫃

主角、甜點界的明星了。

「我的果醬循著季節、美食節慶和傳統節日而變化，滿溢帶著可口香氣的漂亮食材，並用耐心、時間和愛呈現出完美的成品……」

好東西急不得，總是需要等待與時間。當柔軟的花瓣與新鮮的水果已備妥在黃銅深鍋中，隨著細火慢煮，廚房裡傳出陣陣奇異的香氣，克莉絲汀細心地萃取這些花朵與水果的精華，將之化入果醬、果泥、果凍，或是果漬、果汁、糖漿，每一款都甜香繚繞，令人心神蕩漾。

尋找克莉絲汀的幸福甜點鋪

克莉絲汀的小店座落在尼德莫施維爾，我數了數 Niedermorschwihr，共有十六個字母耶！真是不好記。

延著彎彎曲曲的 D11 鄉間小路我們找到了它，雖然也是位在酒鄉之路上，但因為名氣不如希格維爾或希伯維利等村子那樣大，觀光客少了許多，也讓這個村子較為寧靜。一邊是綠色的山崗，一邊是結實累累的葡萄園，日正當中的正午，我抬起頭，頭頂上除了藍天，還是藍天，但遠處彩色木筋屋透出了尖尖的小屋頂，五顏六色的窗臺令人著迷。

尼德莫施維爾很迷你，大約十來分鐘就能舒舒服服地輕鬆走完一圈。小村到處都有迷人的景致，也很安靜，當大部分的遊客都熱中於希格維爾或希伯維利一帶時，此地宛如五彩畫般的童話小屋更顯得寧靜如夢。我們憑著書上得來的印象，在村公所前的一條道路上找到了克莉絲汀開的甜點鋪。

推開店鋪的木門走進去，就看見克莉絲汀的果醬罐擺滿了左邊的一整個櫃子。

克莉絲汀的果醬瓶繫著可愛小蝴蝶結　　　好多果醬罐

「今日在我的廚房裡，果醬和一罐罐酸甜的水果以璀璨的顏色唱和；在我的店裡，各種的美味和幸福時刻永遠溫柔地醞釀著。」

我覺得自己好像走進了克莉絲汀的文字裡，眼前出現的「果醬群」，亮眼地在食品櫃中「閃閃發光」，「以璀璨的顏色唱和」著，每一罐果醬瓶口上，都包著可愛的紅底白點的小布巾，再以一枚白色、手工繫的漂亮小蝴蝶結裝飾著，宛如為果醬瓶穿上一件可愛的蓬蓬裙，光是欣賞就是一種視覺上的幸福。

到底有哪些口味呢？這也是最讓我好奇的部分。我走近了看，努力用我非常有限的法文能力辨識著，只認出了草莓、杏桃、香草、櫻桃、蘋果、檸檬、藍莓、無花果、格烏茲塔名那、黑皮諾……還有其他的好多、好多我不認得的法文字，種類多得讓人想忘情吶喊！原來果醬也能有這麼多種口味。

「閃閃發光」的果醬櫃前，有張大木桌，上面陳列著許多包裝精美的小禮盒，不僅果醬，還有餅乾、糕點之類的小點心，禮盒上都繫上了漂亮的蝴蝶結。木桌對面有個玻璃櫃，販售手工巧克力；入口正前方另有個玻璃櫃，裡面擺放的精緻小甜點看起來都十分美味。我隨意在店裡逛了一圈，覺得克莉絲汀的甜點鋪看起來其實很樸實家常，除了販售果醬、甜點、巧克力之外，還兼賣麵包或烹飪用的陶鍋等日常用品，店裡連明信片都有呢！就像一間開在鄉村的雜貨店，稍不留意，這間小店可能就會被錯過。這也證明了一件事，真正好的東西不需過度包裝或宣傳，總是會被人看見、發現的。

如此多種不同口味的果醬，我們到底該選擇帶哪些口味呢？每一款看上去都讓人好心動，也都讓人萌生無窮的美好想像。最後，我們決定買檸檬、藍莓、無花果，以及Rhubarbe（註1）、Griottes（註2）這兩款我認不出的素材（回家再好好研究一番），只

村子裡到處都是古樸的木筋小屋

小花臺

因上面特別標示 Alsace，應該是當地特有的口味，打算帶回臺灣後慢慢品味。

「人生之中到底什麼才能帶來快樂？帶來幸福與滿足呢？」置身在這個風景宜人的小村，尋找克莉絲汀的甜點小鋪，我邊走邊想。認真、踏實且用心製作一罐罐料好實在的果醬，讓世人吃得安心滿意，應該就是克莉絲汀最大的快樂與幸福吧！

離開小村前，我倆在村子裡找了一個小臺階喜孜孜地坐下來，享用剛剛在店裡順手買的檸檬塔。平時不太喜歡甜食的 Daniel，才咬下第一口就直呼：「好──美──味──」兩眼流露出光采，我趕緊也嘗了一口。「味道真的好好！」我亦禁不住讚賞起來，塔皮薄而脆，塔心注滿了濃濃的果醬，香氣瀰漫的檸檬果醬微酸又甘甜，一點也不膩，餘味悠長繚繞。

那是我第一次接觸克莉絲汀製作的果醬，溫潤柔美，彷彿飽含從陽光和大地吸收而來的靈秀之氣，百分百天然不含化學成分，讓人吃得滿足安心。「這就是幸福啊！」一個發亮的驚嘆號於焉在我心中浮現。

在臺灣也能買到克莉絲汀的果醬

無須跑到遙遠的阿爾薩斯，如今在臺灣，也能買到克莉絲汀的果醬，而且還是臺灣才有的限量版。位在臺北市敦化南路一段安靜的小巷裡，有家由知名旅遊美食作家葉怡蘭開的食品店 PEKOE，就有販售克莉絲汀的果醬呢！

我推開 PEKOE 的店門走進去，就發現克莉絲汀的果醬，那招牌紅底白點布巾、繫上蝴蝶結的可愛包裝再度擦亮我的雙眼。走近了看，PEKOE 除了引進大黃櫻桃、蒙頓檸檬、黃香李肉桂、黑皮諾紅酒等經典口味之外，最特別的是，還有與克莉絲汀攜手合作、

村裡的路標　　　　　　　　　　繁花處處

獨家專屬的產品——「臺灣茶系列」產品。口味有杏桃臺灣蜜香紅茶果醬、芒果臺灣文山包種茶果醬、蘋果臺灣凍頂烏龍茶果醬三種，水果與茶葉的奇妙組合充滿想像力，大膽而創新，是果醬女王獻給世人另一場華美的展演。那看起來似乎會發光的小小玻璃瓶內，峰迴路轉的滋味，想必又能讓味蕾有意想不到的驚喜呢！

註1：Rhubarbe中文喚做「大黃」，外型類似芹菜，常被運用在塔或派等甜點的烘焙上，滋味酸甜。

註2：Griottes是一種小櫻桃，產於阿爾薩斯，散發獨特的香氣與酸度，常被克莉絲汀運用在果醬與甜點的創作中。

資訊補給站

▶ PEKOE 食品館

地址：臺北市敦化南路一段295巷7號

電話：02-2700-2602

時間：11:00 ～ 20:00

檸檬塔

圖克漢
（Turckheim）
飛龍、守夜人、
米老鼠

圖克漢是個迷你小村

　　17 世紀荷蘭知名畫家林布蘭（Rembrandt Harmenszoon van Rijn）曾經繪製一幅畫作《夜巡》（Nightwatch，又名守夜人），為其傳世作品中最有名的，善用光影營造明暗畫面的林布蘭，描繪警衛隊夜晚出發巡邏前的景象，在構圖上，他將人物呆板排列站立或端坐的制式化安排，改以動態的演出，設計出充滿戲劇性的空間構圖，破舊立新，打破傳統。可惜的是，這幅畫在當年推出時並未受到好評，反而遭來許多惡意的批評，例如與他同時代的畫家亞伯拉罕・布勒哲爾（Abraham Brueghel）就曾批評：「林布蘭的人像只有鼻尖上的一點光，我們根本不知道那光是從哪裡來，因為周遭全是一片黝黑。」殊不知，林布蘭筆下那鼻尖上的一點亮光是藝術史出現的一道曙光，他想要捕捉的已不是單純的外在光線，而是從人物內心發出的靈魂之光，充滿了神祕感，可嘆的是，當時的人不了解他。

提燈照護的守夜人

　　早在古老的歐洲中世紀，許多城鎮就有守夜人，當時沒有路燈，漫長的黑夜裡需要提燈的守夜人巡邏巷弄，防止盜賊宵小入侵；又因當時的民宅多為木造建築，守夜人重要的工作之一就是，查看民宅是否有因不當使用燭火而失火的可能。

　　阿爾薩斯酒鄉之路上的小村圖克漢是一座迷你小村，絡繹不絕的人潮帶動了沿途村鎮的繁榮，讓圖克漢也成為人氣小村，儘管歲月摧折，但在村民的細心維護下，小村依

然保有完整的中世紀建築。最特別的是，源自10世紀的守夜人夜巡傳統至今仍保存下來，已成為吸引遊客參加的活動項目之一，每年從 5 月到 10 月，每天晚上 10 點，穿著中世紀服裝的守夜人會提著油燈引領參加者夜遊 1 小時，從遊客中心出發繞遊圖克漢一周，途中，執勤的守夜人會邊走邊唱，如「夜裡小心火燭，請主賜予我們一夜好眠」的傳統小調。保留傳統在地的特色，加以創意包裝，這樣的行程推出後相當受到遊客歡迎，成為圖克漢最吸引人的亮點，也為小村打響了知名度。

在天氣好的月夜，跟著提燈的守夜人，穿梭於古老的小巷窄街，聽守夜人唱著傳統小調，多麼耐人尋味，彷彿瞬間就能喚回悠遠年代的神祕時光！我不禁這樣想著。可惜我們因為行程上的安排，等不到晚上 10 點，但還是抽出時間前去看看，因為，據說那裡有著一座獨一無二、米老鼠形狀的塔樓呢！

跟著守夜人夜遊是圖克漢受歡迎的旅遊方式

是與龍有關的傳說嗎？

村裡是否曾有一條龍？

迪士尼知名的動畫電影《馴龍高手》（How to Train Your Dragon），內容描述一位維京少年與小黑龍無牙如何成為好友的故事，從最初的充滿敵意及陌生，到成為患難與共的好友，故事情節簡單，但構想新奇，最特別的是電影裡出現各式各樣的龍，形態環肥燕瘦，長相逗趣討喜，我那 3 歲小姪子每次看了都咯咯咯笑不停，天真以為養龍如養狗地對我說：「姑姑，我也想要養一隻。」

我們來到村子裡，在廣場發現一個有趣的看板，應該是介紹村裡觀光景點的圖示，因為法文實在不行，只能發揮想像力，看圖說故事。

1 教堂前的小廣場　2 藍天下的教堂琉璃瓦　3 圖克漢村內的中世紀建築　4 老客棧

1 每晚 10 點出現的守夜人　2 守夜人雕塑　3 小廣場　4 米老鼠塔樓成了店招牌

小餐館

圖克漢的地標，米老鼠塔樓

　　「科噔科噔的馬車碾過鵝卵石鋪成的道路，馬車上載著新釀好的葡萄酒正前往市集，準備賣得好價錢。街道上，穿蓬蓬裙的媽媽提著菜籃要購物，兩個小男孩開心地在街上玩耍，酒鋪子老闆正端出今年釀好出桶的新酒請客人品嘗……」我一路看下去，想下去……這下有趣了，畫面裡出現了一隻頭戴黑色紳仕帽的飛龍，正站在街道旁咕噥咕噥地像說著什麼似的。

　　更有趣的是，就在廣場附近，出現一座非常古老的木造建築，我走近一看。「是一家飛龍客棧呢！」我對 Daniel 說。客棧門口釘著一塊招牌，上面手繪一隻綠色飛龍，正捲起牠的尾巴，盤旋在圖克漢的上空，詭異極了！這究竟意味著什麼呢？我實在太好奇了，或許從前從前，在那個久遠的中古時代，一則有關飛龍的傳說曾經流傳於此，查看旅遊指南，可惜裡面並沒有提到任何圖克漢與龍相關的傳說。

米老鼠上塔樓

　　在美如童話的圖克漢小村，漫步於宜人的小廣場與寂靜的小巷，看著藍藍的天空，吹著舒爽的涼風，身心非常放鬆，簡直讓我們忘了自己身在異鄉。圖克漢保留了許多舊建築卻一點也不顯陳舊，沿路一幢又一幢木筋屋各有不同特色，我突然有一個傻念頭，想留在這裡，租一間小屋住一段時間。

　　那麼，關於傳說中的米老鼠塔樓呢？我們一下子就找到了，站在塔樓下仰望，不知道是刻意或偶然，塔樓的立面，左右開了兩個圓形的孔眼，就像一對眼睛，兩個孔眼之間鑲著日晷，像極了鼻子，圓弧形的彩繪裝飾在日晷下方，看上去宛如一抹調皮的微笑，整體搭配起來，「真的很有米老鼠的感覺呢！」我倆看了異口同聲說。

　　而且還是一隻微笑的米老鼠噢！我想，當初的設計者應該沒想到這樣的彩繪可以變成有趣的景觀，把一座古老的城門轉化成一個有趣的標誌，令人驚喜，並且忠實守護著圖克漢，其本身就是一種另類的創作呢！

巷弄內的風情

米老鼠塔樓，微笑了

小餐館準備開張囉

香檳／洛林

Champagne / Lorraine

巴黎

蘭斯
香檳

洛林
南錫

蘭斯（Reims）
微醺的天使，
微笑了

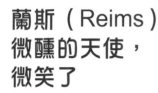

蘭斯市街

　　輕咬一口玫瑰餅乾，咀嚼後再啜飲一口香檳，輕飄飄的氣泡滑過舌頭，滾過喉嚨，怡然的心情跟著滾落體內的小氣泡在心中一起冒起……我讓綺麗的思緒從美味的想像開始發酵。以前並不知道淡雅細緻的香檳原來還可以搭配餅乾，是到了蘭斯才發現這裡有家百年老店專賣搭配香檳的玫瑰餅乾，弗榭兒（Fossier）成為我們探訪蘭斯的目的地之一。當然，我們更不願錯過的還有赫赫有名的蘭斯大教堂（Cathédrale Notre-Dame），自古以來，法國歷代國王都會到此地進行登基加冕儀式，讓這裡又稱為「王者之城」。

當修士遇上香檳

　　蘭斯位在巴黎東北 142 公里處，是法國香檳區的首府，這裡過去曾經盛行羊毛紡織工業，如今則以出產香檳聞名。香檳總讓人直接聯想到華貴的格調，華麗的宴會與歡樂的慶典有了香檳飲品來助興，似乎更能點燃現場氛圍，將享樂提升至極致，雖然那不是一種有厚度的酒，但喝著含 12% 酒精的它，很容易就讓人的靈魂跟著杯中液體晶瑩剔透的氣泡向上竄升，醺然欲醉。

　　香檳這種會發泡的氣泡葡萄酒，向來與高貴劃上等號，但在中世紀時卻被視為一種劣質酒，多虧一位名喚唐‧培禮儂（Dom Pérignon）的本篤會修士，致力研究並加以改良，才釀造出歷史上第一瓶香檳。當唐‧培禮儂釀造出第一瓶香檳時，他自己飲下第一口後脫口而出的那句話：「我飲下的是滿天繁星！」也成為跟著香檳流傳下來的名言。日後唐‧

培禮儂成了法國頂級香檳的代名詞，更有香檳王之稱。

　　香檳區的小鎮艾本納（Epernay）是釀酒重鎮，附近的小村歐維樂（Hautvillers）即唐．培禮儂誕生之地，艾本納大多居住著從事香檳製造的富人，鎮內有一條知名的香檳大道，其中 Moët et Chandon 酒莊為最醒目的地標。由於我們時間有限，因此只匆匆在此停留一下，便轉往主要目的地蘭斯。

艾本納市區的香檳店家

香檳紀念瓶

俯視人間的微笑天使

　　雖然時序已來到 5 月，但蘭斯的天氣卻仍然帶著涼意，街上行人身穿毛衣或外套，脖子緊緊裹在厚圍巾裡，我們也豎高拉緊了衣領走入人群中。熱鬧的街道兩側都是優雅的建築物，時光的痕跡讓老建築顯現出深刻優雅的韻味，亮黃色的新穎電車四節扣在一起偶然乍現街頭，沿著地上軌道輕巧滑過我們眼前，舊城廣場有處圓環噴泉立著一座紀念碑，展開雙翅手持桂冠的金色女神高高站在頂端，擺出彷彿穿越時空降臨人間的輕盈舞姿，相當引人注目。我們穿過城市裡的小公園，行經餐廳街，時間尚早，不急著用餐，還是先往甘貝塔街附近的蘭斯大教堂去，它是蘭斯的精神與信仰中心，據說還跟聖女貞德有關。

　　回顧蘭斯大教堂歷史，5世紀，法國第一任國王克洛維一世（Clovis I）曾在這裡受洗，自 11 世紀開始，法國歷代國王都必須到這裡加冕登基就任為王，共計 24 位，其中，最著名為英法百年戰爭時，由聖女貞德護送而來加冕的法王查理七世（Charles VII）。

　　一路散步來到教堂廣場前，角落的小花園裡立著一座騎士青銅雕像。

　　「會是聖女貞德的塑像嗎？」

1 蘭斯大教堂　　2 聖女貞德的騎馬英姿　　3 教堂的浮雕大門　　4 教堂內部

1 微笑天使　2 教堂壁上耶穌使徒的浮雕　3 蘭斯教堂的國王雕像　4 教堂的玫瑰花窗

夏卡爾設計的鑲嵌玻璃　　　　　　　　　　　可愛的香檳店招牌

　　我好奇地走近她，「果然是！」

　　我立在銅像前，想像那應該是出征的時刻，一位年僅十來歲的少女英姿煥發地騎在馬上，單手高舉長劍，奮力指揮軍隊護送法王前來蘭斯，一路上她必須面對的是全然沒有把握得勝的英國強敵卻仍無畏向前，在當時是需要多大的勇氣與膽識呀！

　　建於 13 世紀的大教堂有著哥德式高聳外觀，左右兩側對稱的高塔彷彿直通天庭，讓人在仰望之際似乎亦能與上帝私密對話。我推開教堂厚重的木門走進去，細看一面面精緻的彩繪玻璃窗，每一面都畫著《聖經》裡的故事，最引人注目的要屬畫家夏卡爾的鑲嵌玻璃窗，古老的《聖經》到了他手中重新詮釋出更加動人的圖樣！很多遊客站在他設計的玻璃窗前舉頭仰望，被那瑰麗的色彩感動，還好教堂並不禁止拍照，Daniel 也站在人群中，拿起相機留下玻璃花窗上的瑰麗光影。

　　教堂立面與側邊布滿兩千多座雕像，許多雕像已被歲月的煙塵染成灰黑色，然而身體的線條與面容表情依舊栩栩如生，俯視人間，安撫著曾經水深火熱的受苦靈魂。

　　就是祂嗎？我的視線停留在教堂正門牆緣上的一座天使雕像，那就是蘭斯教堂最知

塔烏宮

艾本納市區的古董葡萄酒製造機

名的微笑天使！祂的姿態柔軟，身形曼妙，垂墜的長袍刻著細緻的皺摺，美麗的臉龐掛著甘甜微笑，像朵綻放的花，扣人心弦。

　　人世間總有太多苦難，教堂裡的神，神情多是嚴肅而愁苦，然而，我眼前的微笑天使卻顯得那麼不同。站在天使腳下仰頭看祂，來自幾百年前的祂是經歷過人世的戰爭死亡，是看過人間的顛沛流離，而祂依然微笑著，那微笑中有柔軟、有慈悲、有包容、有諒解，不再是居高臨下、冷眼旁觀，而是宛如看著自己身旁親近的人，同其呼吸，同其感受。

　　我想，或許正因如此才獲得那麼多人的喜愛，也才讓微笑天使成為蘭斯的象徵。

玫瑰餅乾

　　參觀教堂後，我倆又在附近的巷道繞了繞，蘭斯舊城不大，若以大教堂為中心，較為知名的景點如蘭斯美術館（Musée des Beaux-Arts）、藍斯大主教居住過的塔烏宮（Palais du Tau）、國王加冕用聖油瓶的守護地聖雷米教堂（Basilique St-Remi）等，皆是徒步便能走到之處，街上開著一間間小巧精緻的禮品店，販售代表蘭斯的特色禮品，我走進去看看，發現幾乎每家櫥窗裡必定出現的粉紅色玫瑰餅乾。

　　既然來到蘭斯，就一定要到玫瑰餅乾的創始店朝聖一番，離大教堂不遠的弗榭兒糕餅店創立於1756年，店裡販賣一種粉紅色玫瑰餅乾相當知名，旅遊書上介紹，它是世界上最古老的餅乾之一，創製於17世紀。當年蘭斯的麵包師傅利用烤箱餘溫，經過兩次烘焙，發明了這款餅乾，而弗榭兒是世上唯一一間仍遵循古法製作玫瑰餅乾的店家。

　　循著地址找到了弗榭兒，粉紅色的店門好浪漫，雖然沒有特別設計的店招牌，但

艾本納市區的可麗餅攤

玫瑰餅乾

「Reims-1756」幾個字標示在店面上方,就夠吸引人了!好奇心大發的我們推開店門走進去,店裡已經來了許多遊客,在陳設高雅的店內選購,一片片粉紅雪白雙色相間的玫瑰餅乾,被放在透明玻璃紙袋、方形紙盒,或是印有微笑天使的鐵製餅乾盒裡,餅乾形狀細長,長約 10 公分,寬約 2 公分,也有做成小圓形的。據說,玫瑰餅乾的顏色最初是白色,後來添加一種胭脂紅的天然染料才有了如今的粉紅色。餅乾口感酥脆,可單吃,也可搗碎後混在蛋糕或冰淇淋中,最特別的吃法是沾著香檳一起享用。

我從未試過這種吃法,入境隨俗,好奇買了一袋來嘗。玫瑰餅乾單吃滋味偏甜,然而吸收了香檳的氣泡後,入口即化,甜味也被巧妙平衡,鼻腔中彷彿還繚繞淡淡馨甜的花香,讓人在品嘗時平添浪漫想像。

百年餐廳的平價午餐

接近中午時,我們再次回到熱鬧的大街上,開始最期待的用餐時間,喝杯咖啡歇歇腳,點份三明治吃是不錯的選擇。兩個人經過街上幾間裝潢雅致的餐館後,決定找家餐廳品嘗一下香檳地區的料理,我的腦海裡馬上浮現布蘭格朗(Brasserie du Boulingrin)這家餐廳,是很多旅遊指南上都會提到、有百年歷史的蘭斯老店,中午提供 20 歐元的午間套餐,向來相當人氣。

全然無須辨認,看見餐廳內座無虛席的景像就知道是它了,布蘭格朗位在蘭斯市場附近的三月街(Rue de Mars),店內牆上的新藝術風格裝潢營造出一種古典優雅的用餐基調,玻璃窗外的陽光透進來,柔和的光線照在牆面裝飾細緻的圖案上、照在那些代表新藝術風格的藤蔓花朵及少女容顏上,顯得更加豔麗。

1 弗榭兒的粉紅色店門　2 寬敞的大街　3 布蘭格朗餐廳

今日布蘭格朗推出的午間套餐含有餐前酒、開胃菜、主菜，外加咖啡及甜點，在法國，這樣的組合很超值。我們看了一下菜單，極有默契地選了不同的組合，洋蔥口味的鹹派、燉肝腸及鳳梨水果塔是 Daniel 的，我的則是鮭魚慕斯凍、奶油燉魚及巧克力派，另外，兩個人又點了一杯香檳作為開胃酒。

超值午餐分量並未縮水，仍舊很充足，我特別喜歡有蔬菜點綴的奶油燉魚，料想是蔬菜發揮了它的功用，微微的甜味一入口就散發出清香。Daniel 點的開胃菜洋蔥鹹派也令人大大讚賞，香檳地區擅長製作酥皮料理，烤得金黃香酥、入口即化，甜軟的洋蔥絲好美味。

這一餐吃得相當滿足，我們將蘭斯專屬的美味裝進胃囊，作為一種完美的告別方式，前往下一個行程。

1 布蘭格朗的餐桌　　2 洋蔥口味的鹹派　　3 飯後免費招待的可麗露　　4 新藝術風格的香檳海報
5 香檳大道

　　　　　　　　　　　　　　沉醉東法：阿爾薩斯·洛林·香檳

香檳名品

Moët et Chandon 酒莊

資訊補給站

▶ 弗榭兒 Fossier
地址：25, cours Jean-Baptiste Langlet

▶ 遊客中心
地址：2 Rue Guillaume de Machault
網址：www.reims-tourisme.com
時間：4 月中旬到 10 月上旬週一至週六 09:00 ～ 19:00，週日、假日 10:00 ～ 18:00；10
　　　月上旬到隔年 4 月中旬週一至週六 09:00 ～ 18:00，週日、假日 10:00 ～ 16:00。
公休：1 月 1 日、12 月 25 日

▶ 蘭斯美術館 Musée des Beaux-Arts
時間：10:00 ～ 12:00、14:00 ～ 18:00
公休：週二，1 月 1 日、5 月 1 日、7 月 14 日、11 月 1 日、11 月 11 日、12 月 25 日。
門票：€ 4

▶ 蘭斯大教堂 Cathédrale Notre-Dame
時間：07:30 ～ 19:30

南錫
（Nancy）
新藝術之都

貝朗榭公寓

　　這是第二次來南錫了，第一次到這裡，是十多年前，當時因為時間上有點趕，只是匆匆經過，錯過了幾樣南錫名物——新藝術、馬卡龍與洛林鹹派，這回特別安排時間再度造訪，為了彌補上次如入寶山空手回的遺憾。

彎彎曲曲的綺麗夢幻

　　藝術家是喜愛從自然中汲取靈感造夢的一族，聽見大自然風吹或流泉的聲音，就能將之轉為生動的音符，看見纖細綺麗的藤枝、捲鬚或花朵，就能將之應用於藝術品的創造中，這就是新藝術風格的最大特色，以木與鐵為材料，把堅硬的材質扭呀扭，繞成靈活的藤蔓、花瓣或葉片，仿植物造型的裝飾總是彎彎曲曲，輕盈俏麗。

　　我對新藝術風格的作品印象最深的一次是在巴黎，因為看了法國建築師吉馬赫（Hector Guimard）的一系列作品而有了全新感受。吉馬赫是19世紀末活躍於巴黎的建築師，那是新藝術風潮席捲歐洲的年代，一時間新藝術風格的建築出現在巴黎、維也納、布拉格等歐洲許多城市，從教堂、車站、宅邸、路燈到地鐵站，都有新藝術的影子，淺咖啡色的桃花心木配上鐵鑄花飾，陽臺或窗外配上淺藍色的鍛鐵藤蔓，玻璃加鐵呈現的植物形態，使新藝術風格的建築看起來總是充滿變化，極富創意。

　　我記得自己第一次站在吉馬赫設計的貝朗榭公寓（Castel Béranger）前時像個朝聖客，左看右看，拿著相機對著那設計奇特的大門與窗臺猛拍照。當時，剛好有位住在裡面的

先生正要回家，瞧見我們兩個遠道而來的朝聖客，便大方邀請我們入內參觀，但基於避免打擾人家而委婉謝絕了他的好意，放棄掉這個機會，如今想來還有點後悔。貝朗榭公寓雖已被巴黎市府列為文化遺產，卻維持原來的正常功能，供人居住使用，外型仍然保留一百多年來的美麗模樣，並未因為時間而褪色，試著想像，若能日日生活在這樣深具歷史文化的建築裡，實在是一件既驕傲又讓人羨慕的事。

金色斯坦尼斯拉斯

　　開車沿著洛林省的鄉間小路暢快而行，春夏交際的大自然，遼闊的平原已恢復盎然生機，綺麗的油菜花田像金黃絨毯一片接著一片，在道路兩側無盡連綿，那亮麗色彩帶給我們近乎屏息的視覺宴饗。我將車窗打開深吸一口氣，一陣清甜的花香瀰漫於空氣間，洛林平原春夏時節特有的味道一下子紓解了旅途的疲憊，Daniel 也忍不住打開車窗，享

吉馬赫設計的貝朗榭公寓大門

貝朗榭公寓的陽臺浮雕

受大自然最無私的放送，那黃澄澄花海之美在我心裡烙印下對洛林平原的深刻印象。

　　座落於洛林平原中心的南錫是洛林省首府，人口大約 10 萬，自 17 世紀以來開始發展，逐漸成為一座揚名國際的城市。在世人眼中南錫被稱為法國的新藝術之都，還有兩項出名的地方美食馬卡龍與洛林鹹派，這三件特產讓南錫成為世界舞臺上的焦點。

　　斯坦尼斯拉斯（PL.Stanislas）、跑馬（PL.de la Carrière）與同盟（PL.d'Alliance）三大廣場位於南錫市中心，三座廣場已於 1983 年被聯合國登錄為世界文化遺產，也是南錫的參觀重點，三處的距離不遠，都是徒步便可輕鬆抵達的參觀地點。三者中以斯坦尼斯拉斯廣場最有名，有南錫最美麗的金色廣場之稱，19 世紀新藝術風格設計大師艾米里‧加利（Émile Gallé）在此大膽施展創意，進行一場華麗的金色展演。

田野中的小村莊

通往斯坦尼斯拉斯廣場的大道　　　　　　　　　　斯坦尼斯拉斯廣場

　　廣場位在斯坦尼斯拉斯大道盡頭，穿過由艾米里·加利精心設計的金色拱門便能進入廣場核心，寬闊的廣場中央立著一座銅像，是國王斯坦尼斯拉斯。南錫市政府、歌劇院與南錫美術館（Musée Des Beaux-Arts）三棟華麗的巴洛克風格建築繞圍著廣場，相當氣派，搭配左右兩座金漆的大拱門，還有時時傳來嘩嘩水聲的噴泉，好天氣時，坐在廣場邊上的露天咖啡座，一邊聽泉，一邊看風景，就是一種悠閒的生活享受。

　　提起國王斯坦尼斯拉斯，他可是一位藝術愛好者，與南錫的新藝術有相當深的淵源，原為波蘭國王的他，18世紀時因為遭俄羅斯軍隊追殺而逃到法國，後來被授予洛林這個地方，在他統治時期，大力提倡藝術，並授命艾米里·加利設計斯坦尼斯拉斯廣場。

　　創造無價，每位藝術家都有夢想，也有屬於自己的一套美學，然而，藝術的創作相當耗費錢財，倘若沒有遇到斯坦尼斯拉斯國王的贊助與支持，艾米里·加利或許就沒有了舞臺得以施展創意。

　　我在廣場流連，仔細欣賞那些模仿花朵與植物枝蔓的裝飾，百花綻放，藤葉伸展，用了很多金色的花飾，看起來都像是純手工打造的工藝傑作。每年盛夏時節的夜晚，斯坦尼斯拉斯廣場上的建築會打上五光十色的霓虹燈，上演一場融合音樂與影像的聲光秀，雖然只有短短15分鐘，但美好的事物不在乎長短，卻足以讓人一再回味！

　　除了斯坦尼斯拉斯廣場之外，艾米里·加利還將新藝術風格的創作理念與日常家飾用品相結合，設計出許多花樣新穎的工藝品，例如花瓶、門窗、燈盞、桌椅等，如今已被收藏在南錫派美術館（Musée de l'École de Nancy）裡，吸引藝術愛好者前往欣賞。

1 市政廳　2 廣場上的咖啡座　3 新藝術風格的大門

香檳／洛林 Champagne / Lorraine

1 美食王，斯坦尼斯拉斯　2 海神噴泉　3 南錫美術館　4 市政廳

甘貝塔街上的「馬卡龍姐妹家」　　馬卡龍的素樸原樣

揭開馬卡龍的身世之謎

　　宛如一場突然刮起的彩色旋風，不知為何，這兩三年，臺灣民眾開始迷戀起一款巴黎人喜歡的法式小圓餅——馬卡龍，一枚漂亮的馬卡龍外表平滑、泛著光澤，顏色不是甜蜜粉、清新藍、浪漫紫，就是鵝黃、嫩綠、梅紅、奶白……色彩繽紛時尚，夢幻得不得了，就像花都給人的印象。

　　小巧精緻的彩色馬卡龍，原料是蛋白、砂糖與杏仁粉，香酥的兩片圓餅中夾著柔軟濃密的餡心，口感輕盈細緻，是精緻品味的象徵，如今已成為巴黎甜點的代表，然而，它的原始出生地，並不在巴黎，若要追本溯源，它誕生於義大利的一個修道院裡。馬卡龍的起源有兩種說法，一說是中世紀時期威尼斯修道院的修士所發明，另一說則是由一位名叫卡美麗（Carmelie）的修女所發明，不管是修士或修女，總之，就是由中古時期位在義大利的修道院所發明，直到16世紀時才輾轉流傳在法國西南與東北一帶，成為地方小點，風行至今。

　　美食有時是一種個人崇拜，每個人對它的定義與方式都不同，沒有正確與否的判別，老實說，我並非馬卡龍的愛好者，總覺得它的味道太甜膩，巴黎知名甜點鋪拉都蕾（Ladurée）的馬卡龍相當有名，我第一次嘗過後有點失望，因為實在太甜了！之後，又陸續品嘗名店馥頌（Fauchon）及名師皮耶赫米（Pierre Hermé）改良過的馬卡龍，稍微好一點，但還是覺得偏甜。然而，撇開口味不說，恣意大膽玩色的巴黎馬卡龍，顏色真是漂亮極了，小巧圓潤的造形飄著若有似無的甜馥氣息，怪不得被暱稱「少女酥胸」，實在太誘人！

馬卡龍組合

貴婦版的馬卡龍

　　當知道南錫是法國馬卡龍的產地時，我的心裡馬上湧起一股好奇，它是否有別於巴黎的口味與樣貌呢？

　　位在甘貝塔街（Rue Gambetta）上的老鋪「馬卡龍姐妹家」（Maison des Soeurs Macarons）是南錫最知名的馬卡龍餅鋪，我們循地址探路找到了它，推開門走進去，果然是知名老鋪，店裡已排了許多等待購買的客人，本地人、觀光客都有，人人皆指名要買馬卡龍。我們看了看，發現南錫的馬卡龍，樣貌與以前我們在西南部波爾多地區看過的馬卡龍一樣，都是淺棕色、表面呈現烘烤裂紋的一種圓形餅乾，單純一片，沒有類似三明治的夾心，我心裡想：「這應該就是馬卡龍的原型了，模樣好樸素！」同時印證書上看到「馬卡龍源於義大利，後來流傳在法國西南與東北一帶」的說法。至於它的味道，雖不如巴黎的多變，卻很特別，甜中帶著杏仁味與蛋香，口感酥脆，價錢也親民多了。

　　「畢竟是源自中世紀修道院的小點心啊！理應要有這樣的素樸樣貌與味道才是。」我倆嘗過後下了共同結論。想當年，一位遠在義大利修道院的修士（或修女），因為嘴饞想吃甜食，一時心血來潮而發明了這款蛋白杏仁餅，接著先傳到法國西南與東北地區，再傳到首都巴黎，然後又經過哪位不知名的甜點師傅加以改良，成為如今世界知名的甜點馬卡龍。這世界上的許多美味，往往就是經過多次創意發想所累積而成！

洛林鹹派

　　經過一上午的遊賞，兩個人的肚子都有點餓了，可是又還不到餐廳營業的時間，Daniel 於是提議，不如到市場去逛逛，看看能不能有什麼新發現。「是啊！我們此行的

1 藍色藥妝店 　2 南錫市街 　3 南錫的中央市場 　4 紅色的蕪菁 　5 5月的嫩蘆筍 　6 炸蔬菜天婦羅

市場內的餐廳

香甜的哈密瓜

目的之一洛林鹹派還未品嘗，那裡一定有。」我馬上附議。

鹹派，法文 Quiche，音似「基西」，是一款平民美食，經常出現在法國咖啡廳菜單上，或是麵包店櫥櫃裡，在法國旅行時，假如不想耗費太多時間進餐廳，三明治、可麗餅或鹹派就是一頓好吃又簡便的午餐，巴黎蒙馬特地區有家店鋪，裡面專賣鹹派與甜派，口味眾多，每回到巴黎，我們都會去朝聖一下，用店裡暖熱噴香的甜鹹派祭一下五臟廟，五彩繽紛的美味派餅吃下肚，總能令人打從心底產生一種幸福感。

南錫的中央市場是室內市場，位在新城區，周遭很熱鬧，我們從賣馬卡龍的甜點鋪出來，步行穿過一條有路面電車行駛的大馬路，沒多久就找到了。踏進市場後發現，前來採買的都是本地人，沒有像我們一樣的觀光客，根據以往的經驗，沒有觀光客的市集東西往往最道地，價錢也最公道，這裡一定有許多原汁原味的鄉土物產或平民佳餚呢！

果然，才一進門，幾家販賣各種口味鹹派的店鋪馬上占據我的視野，好像來到了法式鹹派大本營，用奶、蛋、起士、培根製成的傳統洛林鹹派幾乎每家都有，不僅鹹派，還有圓餡餅、塔餅、肉派，以及各種我們沒有品嘗過的特色小吃出現在不同攤位上，例如一款看起來像油炸過的小丸子就讓我十分心動，還有一種看上去像日本人常吃的炸蔬菜天婦羅也讓我躍躍欲試，這下我可開心啦！馬上開出今天中午的菜單，鹹派、丸子、天婦羅、烤雞腿與剛出爐的培根麵包都入列。

「妳確定我們兩個人吃得完嗎？」Daniel 問。

「沒問題啦！根據過去來法國的幾次經驗，我們實力堅強，胃囊一定裝得下這些美食的。」

水果軟糖　　　　　　　黃香李

資訊補給站

▶ 馬卡龍名店之一 **Maison des Soeurs Macarons**
地址：21 Rue Gambetta

▶ 馬卡龍名店之二 **Lefèvre Lemoine**
地址：47 Rue Henri Poincaré

▶ 南錫派美術館 **Musée de l'École de Nancy**
時間：週三至週日 10:00 ～ 18:00
公休：週一、週二，以及 1 月 1 日、5 月 1 日、7 月 14 日、11 月 1 日、12 月 25 日。
門票：€ 6

▶ 南錫美術館 **Musée Des Beaux-Arts**
時間：週三至週一 10:00 ～ 18:00
公休：週二，以及 1 月 1 日、5 月 1 日、7 月 14 日、11 月 1 日、12 月 25 日。
門票：€ 6

順道暢遊——

德國黑森林

Der Schwarzwald

柏林

卡爾夫
巴登巴登　　斯圖加
　　　　　圖賓根
特里堡
弗萊堡

斯圖加
（Stuttgart）
用美食記住的
好時光

品酒聚會多開心

假如依照原來的計畫，來到斯圖加，應該先到它最知名的賓士或保時捷博物館參觀，這座城市以打造這兩款高級名車而揚名，吸引全世界的車迷造訪，既然來了，就該先去朝聖一番，開開眼界。然而，我們一到市區，知道此地正在舉辦年度秋季品酒節，有美酒自然就有美食，「有誰能抗拒這樣的誘惑呢？」兩個人立刻決定先將車掉頭往市集廣場的方向，參觀賓士博物館這件事便順理成章列為我們在斯圖加的第二個項目。

藍天下的饗食樂園

德國人的啤酒節很瘋狂，啤酒如水喝到飽，音樂旋律響耳邊，大口喝酒、大塊吃肉，徹底鬆綁的神經讓情緒翻騰、high 到最高點！曾經有一次在慕尼黑啤酒節，因為目睹德國漢子狂放的豪飲之姿而留下深刻印象，那一杯杯金黃色的液體咕嚕咕嚕地灌下肚，烤香腸煙燻火炙的原始風味，加上酒精揮發後的迷幻感，平時嚴謹的德國人馬上變得判若兩人，啤酒是讓人精神鬆弛的催發劑，喝下它便能愉快地跟著啤酒泡泡輕鬆搖滾。

那麼，品酒節呢？會是怎樣的光景呢？

斯圖加的秋季品酒節會場設立在市集廣場（Marktplatz），隔壁街就是當地最主要的室內市場 Markthalle，左擁美酒、右抱美食，Daniel 一想到這，雙眼亮得簡直不能再亮了！「你別想太多，美食你儘管去嘗，酒我幫你試飲就好，你可是要開車喔！」我叮嚀了他一下，即便不情願寫在臉上，但人在國外，更該遵守開車不飲酒的規矩才行啊！

酒攤上清楚標示著酒價　　　　　　　　很受歡迎的品酒節

　　接近中午，會場已人山人海，主辦單位將活動辦得相當熱鬧，帳篷下、長桌上，有吃的、有音樂，也有商品，當然更少不了慶祝活動的主軸——秋天上市的紅、白酒，至於啤酒，也還是有供應的。走在 9 月晴朗的藍天底下，我感受到一股歡樂的氣流圍繞在身邊，忍不住盯著攤位上賣的東西瞧，食物的香氣從烤盤、煎鍋上不斷放送出來，誘人垂涎欲試。

　　黑森林所在地的巴登符騰堡州（Baden-Württemberg）是德國知名的葡萄酒產地，從臨近法國的巴登巴登（Baden-Baden）開始，一路往南至法瑞邊境的維爾（Weil am Rhein），沿著萊茵河地帶的丘陵，陽光充足，景色優美，共約 500 公里，有巴登葡萄酒路（Badische Weinstraße）之稱。我們穿梭會場，一頂頂白色帆布帳篷下，擺設了許多長方形餐桌，每一個賣酒的攤子生意都非常好，價錢看上去也都不貴，似乎黑森林境內最棒的葡萄酒都集中到這裡來了，任君挑選！瞧著坐在餐椅上、倚身吧檯邊的品酒客，認真將鼻子湊到杯緣，嗅聞杯中的酒香，再小口啜飲，酒在口中溫潤著，臉上浮現陶醉的神情，這裡不是穿西裝及禮服的正式場合，氣氛輕鬆隨意，屬於慶祝豐收的地方性節日，感覺很舒服，充滿度假的歡愉。從餐桌傳來的笑聲熱情爽朗，迴盪在白雲悠悠的藍天下，迎接初來乍到的我們，圍著餐桌，捧著酒杯，飲著甘醇葡萄酒，人與人的距離自然而然拉近了！越是中午越熱鬧，大家都是為了美酒美食而來，甚至有電視臺與記者現場連線採訪呢！

　　順著會場路線繞一圈，特色風味的小吃攤，飄香陣陣，向我襲來。「那是什麼？」我拉了拉 Daniel 的手要他看，前方賣熟食的攤子上，出現從來沒有看過的小吃，有點像我們熟悉的大饅頭，看似口感鬆軟，只見老闆從保溫箱裡將之取出放入容器，淋上一層濃郁的白色醬汁。「假如一個下肚，應該會飽到吃不下其他東西了吧！」我決定放棄它，

1 品酒會場裡的餐廳　2 來自世界各地的食品　3 特色風味的小吃攤，飄香陣陣　4 販賣傳統食物的攤子
5 啤酒節常出現的小甜點　6 這攤販賣的食物有點像大饅頭

1 酒桶小木屋　2 可愛的小吃攤　3 新鮮的德國餛飩　4 Maultaschen

水煮德國餛飩方便包　　　　　　　　　　　　　Markthalle 入口

朝另一個攤子走去。

　　好奇的目光跟隨人潮左彎右繞，我的心馬上又被另一個賣熟食的小攤嗤嗤作響的聲音虜獲！那幾個德國青年正低頭認真翻弄、攪和著炒盤上的「什麼東西」，熟練地起鍋盛盤，將那切成一片片的「什麼東西」遞給站在攤位前等待的客人，味道實在好香！貪新好奇的我趕緊也跟著人群排隊，沒多久就排到了要價 4 歐元的一碟，看了看攤子上張貼的菜單，原來這就是黑森林當地最具代表的傳統食物 Maultaschen。

　　所謂 Maultaschen，是一種以麵皮包上絞肉及菠菜混合成內餡的麵食，有點類似我們的餛飩或餃子，或是義大利人慣吃的方餃，料理方式則是以鍋子煎熟或加水煮熟，此刻被我捧在手上的這碟是用煎熟的。「也就是德國煎餃啦！」Daniel 做出結論。

　　煎炒至呈現微褐色澤的麵皮口感焦香酥脆，飽滿的豬肉菠菜餡相當可口，我倆用叉子一口接一口地吃，一下子就盤底朝天。就如同義大利的麵條與方餃源自中國北方的麵條與餃子，這德國餃子或許也是中國餃子旅行長征下的文化產物，由什麼人帶進了黑森林後，經過時間融合而成為如今的模樣。

Marktstüble　　　　　　　　　　　　什錦豬肉拼盤配香煎馬鈴薯

　　我看了看腕上手錶，原來已到用餐時間，怪不得肚子正強烈抗議著，也該找家餐廳安撫飢餓的胃腸了。

豪邁的豬肉拼盤

　　Markthalle 是斯圖加最大的室內市場，歷史悠久，建築內部寬敞明亮，規模很大，麵包、蔬果、火腿、甜點、乾料、罐頭、乳酪、魚鮮應有盡有，一攤接著一攤看得我目不暇給。斯圖加飲食的多元化也反映在這座市場裡，移動行走間不難發現來自世界其他國家的食材及雜貨，屢屢現身某個攤位的玻璃櫃裡或陳列架上，足見這個城市國際化之深。要了解一個國家的文化有時從食物下手，倒是一種輕鬆的入門方式。」聽 Daniel 這麼說，也不無道理。

　　我們在市場逛了將近 30 分鐘真是越走越餓，此刻只想坐下來，找家餐廳大快朵頤一番，而 Marktstüble，一間開在市場裡的餐廳，適時出現在我們眼前。

　　服務我們這桌的女侍者很貼心，瞧我們坐定後馬上送來菜單與酒單，雖然上面寫著德文，但她流利的英文解說消除了我們不懂德文的窘境，對我們露出和善的微笑，並且很自豪地為我們推薦店裡的招牌菜色，一道是蘑菇豬排配麵疙瘩（黑森林的傳統食物 Spatzle），另一道是什錦豬肉拼盤配香煎馬鈴薯，再加上一杯白酒 Chablis 與啤酒（既然來到這裡，當然要品嘗看看巴登酒鄉的在地美酒），這樣的組合對想要好好享用一頓午餐的我們來說，無疑更加深了期待。

　　等待的時間裡，顧客不斷上門，一下子就座無虛席，顯然這是家受當地人歡迎的餐廳，開在市場裡，大廚走幾步路就能買到最新鮮的食材，或許便是常保人氣不墜的祕訣

國王大道上的購物人潮

走累了，在大道的椅子上休息

之一。餐廳上菜的速度不慢，一下子酒與麵包就都上桌了，冰涼的 Chablis 入口甘甜，繚繞口腔的清新果香好像溫馨的陽光，在口中散發和煦的光芒。琥珀色澤的啤酒也很不錯，清爽柔順，還帶有微甘滋味。有這兩杯好酒來揭開序幕，接下來上桌的主菜想必一定很精采。

　　用蛋黃、麵粉及水調出的麵團製成德國麵疙瘩，外觀呈現小指頭大小的不規則長條，沾著大廚特調的蘑菇醬汁，與香酥肉排一起享用十分美味。「怎麼嘗起來有點像我們的麵條！難不成這又是中式麵條除了義大利之外的另一段長途旅行？」我有感而發地說。

　　至於 Daniel 面前的那一盤，一出場就展現不凡氣勢，大廚以厚實的木板作為餐盤，木盤上有盛開如花的鮮脆萵苣、爽脆甘甜的醃漬泡菜、香蔥拌炒的馬鈴薯片，每一種分量都給的很豪邁，當然最讓人歡喜的是盤中主食，Daniel 認真研究了一下，說：「妳看，它由下而上依序是煎得酥酥香香的切片麵包、煎豬排、烤肉片、醃培根，用三明治的概念將煎、烤、醃等三種不同作法的豬肉疊合起來送到你口中，好令人胃口大開！」我也發出讚嘆：「連上面鋪蓋的炒洋蔥也好美味呀！」小小的配角也發揮了不遜於主角的光芒！這一餐我倆吃得真是滿足，消磨了近 2 小時的愉快時光。

國王大道購物去

　　酒足飯飽，付帳離席，肚子撐得圓滾滾的兩人開始意識到得好好走走，消化一下才行。「不如這樣，先到離這裡不遠的王宮廣場（Schlossplatz）及國王大道（Königstr）逛逛，買點東西，然後前往我們原本計畫的第一站賓士博物館參觀。」Daniel 提議。

　　王宮廣場距離 Markthalle 不遠，步行約 15 分鐘就到了，這一帶可說是斯圖加最美

國王大道　　　　　　　　　　　購物拱廊

麗的中心地區，廣場四周最醒目的一棟古典建築就是國王大廈（Königsbau），對面兩棟
建築，巴洛克樣式的那一棟是新王宮（Neues Schloss），目前為政府辦公所在地；另一
棟有著圓塔外觀的則是舊王宮（Alte Schloss），目前改建成邦立博物館（Landesmuseum
Württemberg），收藏中世紀時代的雕刻及民俗藝品。過了新王宮，再往裡面的方向走，
就能抵達斯圖加國家劇院（Staatstheater）及展示現代繪畫的邦立美術館（Staatsgalerie），
廣場四周鋪上了修剪整齊的草皮，濃密的綠蔭供人乘涼，散步到這裡時，目光與清新綠
意相連，心情也跟著舒活起來，只見當地居民紛紛坐在草皮上曬太陽，十分悠閒自在。
至於連接王宮廣場的那條筆直人行步道，就是斯圖加最熱鬧的購物地段國王大道，這裡
有百貨公司、銀行、餐廳、咖啡館、精品店，還有類似巴黎廊街的購物拱廊，如 Calwer
Passag、Karls Passage，原來，斯圖加不是一個枯燥的汽車工業製造城，而是充滿藝文氣息
又可享受美食購物樂趣的地方。

1 受歡迎的德國製品店　2 坐在草皮上曬太陽　3 賓士博物館

1 賓士車的設計稿　2 極具未來感的銀色電梯　3 人類交通進化史　4 古董車

　　我們逛到國王大道，在附近的一間藥局，買了德國必敗的伴手禮百靈油，真的比臺灣便宜許多。美食吃了，朋友委託的東西也買了，總算可以出發到賓士博物館參觀了。

感受速度與激情

　　標榜不是車迷也能樂在其中的賓士博物館（Mercedes-Benz Museum），簡直就是斯圖加的代名詞，就連中央車站也能看見那醒目的圓形標識，博物館的造型相當前衛，雙螺旋結構的銀色建築體充滿未來感，當我們走進內部時更是眼睛為之一亮，那向上快速而升的銀色電梯就像出現在科幻電影中的電梯，可以帶我通往未來世界！這裡的導覽器也酷炫極了，不需選取頻道，而是採用紅外線掃瞄的讀取方式就能自動播放語音導覽。

1 白色古董車　　2 摹擬的賽車道　　3 彷彿展翅的未來車款

　　乘著銀色電梯，我們來到展覽廳，展示樓層共分 9 層，依據年代，從人類駕馭馬車開始，一直到現今 21 世紀的 F1 賽車，導覽器裡針對每一段歷史都有預錄的中文解說，走過一間間主題明確的展覽廳，從賓士的製造歷史、各時期的代表作、文物收藏、科技應用，以及未來的概念車款，繽紛的實物陳列在眼前，充滿真實感，就像上了一堂人類交通文明史，非常有趣。

　　設有小型看臺與電視螢幕的賽車道最令我們印象深刻，坐上看臺，戴上耳機，耳畔響起賽車奔馳賽場呼嘯而過的轟轟引擎聲，就像親臨賽車現場那般，充滿互動的樂趣，跟著奔馳的節奏，我好像也感受到了賽車手馳騁跑道，追逐冠軍的澎湃。

　　參觀完博物館走出來，斯圖加正準備迎接美麗的夕陽，美好的一天已接近尾聲，我們也在晚霞的陪伴下，帶著滿足的記憶，駕車離開。

▶ 賓士博物館 Mercedes-Benz Museum

地址：Mercedesstr.100 D-70372 Stuttgart-Bad Cannstatt

網址：www.merceges-benz-classic.de

時間：週二至週日 09:00 ～ 18:00

公休：週一，12 月 24、25、31 日及 1 月 1 日。

門票：全票€ 8、學生€ 4

▶ 遊客中心

地址：Königstr.1AD-70173Stuttgart

網址：www.stuttgart-tourist.de

時間：週一至週五 09:00 ～ 20:00，週六 09:00 ～ 18:00，週日、假日 11:00 ～ 18:00。

▶ 邦立博物館 Landesmuseum Württemberg

地址：Schillerplatz 6

交通：地鐵 Schlossplatz 下車

網址：www.landesmuseum-stuttgart.de

時間：週二至週日 10:00 ～ 17:00

公休：週一

▶ 保時捷博物館 Porsche Museum

地址：Porscheplatz 1

網址：www.porsche.com/museum

時間：週二至週日 09:00 ～ 18:00

公休：週一，12 月 24、25、31 日及 1 月 1 日。

門票：全票€ 8、學生€ 4

紅外線掃瞄導覽器

▶ Markthalle

地址：Dorotheenstr.4

時間：週一至週五 07:00 ～ 18:30，週六 07:00 ～ 16:00。

賽車手穿的防火衣

內卡河

圖賓根（Tübingen）誰來裝飾我的夢

漫步圖賓根的內卡河（Neckar）沿岸，早晨陽光正從雲層縫隙間綻放，繽紛俏麗的彩色小樓像孩童擺置的玩具屋，井然有序矗立河邊，盈潤翠綠的內卡河悠悠而流。此時黑森林的時序已來到秋天，地上落葉潮溼，前一天晚上落下的雨還留在滿地黃褐色的葉片上，涼風吹拂皮膚，更讓人感受到秋意。

美麗的內卡河畔

位在德國黑森林地區的圖賓根是座歷史悠久的大學城，建城歷史可遠溯至 15 世紀，自中世紀起這裡便以研究神學與哲學著稱，曾在圖賓根就學的名人相當多，如天文學家克卜勒（Johannes Kepler）、哲學家黑格爾（G. W. F. Hegel）、詩人歌德（Johann Wolfgang Von Goethe）及荷爾德林（Johann Christian Friedrich Hölderlin）等，每一位都是文化星空上閃亮的明星。這裡也曾培育出十位諾貝爾獎得主，以及德國總理及總統，從古至今一直是德國文化及學術重鎮，根據統計，如今居住在圖賓根的居民有四分之一是大學生，為名副其實的大學城，也讓它在德國有平均年齡最年輕的城市之稱。

小城被寬闊的內卡河劃分為兩岸，我們沿著卡爾街（Karlstr.），漫步過了艾伯哈德橋（Eberhardsbrucke），左轉下階梯，來到河畔散步道，幾隻早起的天鵝正在河面上自在優游，河岸兩側綠林步道舒爽宜人，茂密的垂柳一叢叢、一簇簇聚在岸邊，青綠的柳絲像長髮，在河面映照出美麗倒影，空氣中瀰漫著令人舒爽的草青味，我忍不住駐足，閉

上雙眼，將大自然的清新氣味吸進臟腑深處。步道上的木椅彷彿一直向人招手說，坐下來，歇一會，我們一起看看眼前的清澈流水，靜靜思索一會兒人生吧！

　　沿著一條綠樹茂密的小徑走向河畔，臨水有棟尖頂圓塔的古典小樓，黃色身影與四周柳樹的深綠形成強烈對比，顯得非常醒目，那是荷爾德林塔（Hölderlinturm），德國18世紀浪漫派詩人荷爾德林曾經居住過的地方。

艾伯哈德橋　　　　　　　　　　　　內卡河畔繽紛的彩色小樓

孤獨的河畔詩人

　　荷爾德林是一位傳奇詩人，他的文學成就不亞於歌德與席勒，然而名聲卻不似他們響亮，或許是命運的不幸所致吧！年輕時的荷爾德林曾就讀神學院，嚮往希臘古典主義並潛心研究希臘神話，之後放棄牧師一職，專心於寫作與教職。1786年荷爾德林發表了《許佩里翁》（Hyperions）而成名，本來前途看好的詩人卻捲入一樁政治事件而被捕入獄，出獄後的荷爾德林自此精神失常，深受精神疾病之苦的他遷居圖賓根，在這裡的精神病院接受治療後，便幽居於眼前這棟黃色小樓，直至去世，共歷經三十多個寒暑。

　　我看著這棟黃色小樓，厚實的石牆上開了幾扇長方形小窗，牆上攀爬的深綠色藤蔓，似乎隔絕了外面的世界，兩百多年前小樓小窗裡曾住著精神脆弱的詩人，如果沒有遭逢無端牽連，那麼荷爾德林的一生一定會有截然不同的發展，應該也會更有成就吧！無奈挫折困頓了他的一生，就像一顆原本在自己人生軌道上發亮的星星，突然一翻身，就斜斜墜入深淵中。

　　我不禁想像著，在許多無人陪伴的漫漫長夜，荷爾德林獨倚窗邊，等待月光降臨，彎彎月牙照在河面上宛如一抹微笑，月光流轉，投射石牆上的小窗，照著孤單的詩人，

黃色小樓便是赫爾德林博物館　　　　　　　赫爾德林博物館前的雕塑

明月裝飾了他的窗，也裝飾了他的夢，流瀉的月光，將他居住的黃色小樓淹沒成小小的孤島……。

　　如今荷爾德林塔已成為荷爾德林博物館，館內陳列詩人生前寫的書信及手稿等，在幽居此處的三十多年歲月中，他仍持續不斷創作，以文字的火花溫暖悲涼的漫長餘生。

　　沿著河邊漫步，我們發現河岸邊扣著一艘艘小木船，船身是深褐色的，外型細長，尖尖的船首朝天，散發著河水的清涼氣味。旅遊書上介紹，那是圖賓根知名的撐篙船，類似英國劍橋的撐篙船，船夫多是就讀圖賓根大學的學生，春夏時節，此地推出的乘船遊河行程可是最熱門的人氣活動呢！

新教神學院

　　我們在內卡河岸邊停留約 1 小時，陽光越來越溫暖，趁著日光正好，離開河岸，前往舊城區。

　　圖賓根的舊城以市集廣場為中心，往東延伸至木材市場（Holzmarkt）的一帶便是最主要的舊城區。Daniel 攤開手上的地圖，點出 Kirchgasse、Kronenstr.、Klosterberg 這幾條主要街道，我們要找的新教神學院（Ev.Stift）、市政廳（Rathaus）、大教堂，還有黑格爾書店等景點都在這幾條街上，我跟著他一起研究手上地圖，發現這個小城其實不大，從岸邊沿著石階坡道向上走，沒多久就來到新教神學院。

　　圖賓根的新教神學院創立於宗教改革後，天文學家克卜勒及哲學家黑格爾都曾在這間神學院學習過。學院為一棟 16 世紀保存下來黃色木樑外露的木筋屋，外觀肅穆而優美。

1 坐下來歇一會，靜靜思索一下人生　2 內卡河岸的撐篙船　3 神學院附近的巷弄　4 神學院入口
5 神學院牆上的天文鐘　6 克卜勒曾在窗內的教室裡研讀

順道暢遊——德國黑森林 Der Schwarzwald

1 神學院牆上的光影　2 神學院一角　3 圖賓根迷人的小角落　4 海神波賽頓的青銅雕像

　　　　　　　　　　　沉醉東法：阿爾薩斯‧洛林‧香檳

市政廳

市政廳的鐘塔

　　學院大門緊閉，我抬眼望著牆上的一扇窗，掛著白色窗簾的窗子裡面隱約有著晃動的人影，我心裡想著：「就是這裡呀！」幾百年前的天文學家克卜勒就在這些教室的某扇窗子裡研讀，仰望圖賓根天上的一片夜空與星星，開啟了他對宇宙探索的好奇，提出著名的克卜勒定律，引發影響歐洲文明至深的科學革命。

　　漫步神學院附近的巷弄，石板路兩側聚集著歷史悠久的木筋屋，外露的木條皆漆上鮮豔色彩，引人駐足欣賞，有時是木筋屋上的一個小窗臺，有時是一個小小店招牌，有時是一片清亮的陽光，灑落在木門、石牆或隨意倚靠牆角的自行車上，看上去美得就像一幅畫，小城生活中的真實樣貌就是圖賓根最動人之處。

市政廳與木材市場

　　座落在市集廣場的市政廳是一棟美麗建築物，在許多彩色木筋屋的環繞中，一眼看上去，它那典雅的模樣仍舊顯得特別亮眼。建築物的立面以彩繪花紋及希臘女神像裝飾，屋頂正中央的鐘塔屬於典型的巴洛克樣式，渦旋狀的捲曲線條極富裝飾趣味。廣場中央有座噴泉，泉池矗立著一尊海神波賽頓的青銅雕像，單手高舉代表性的三叉戟，身上肌肉的線條顯得相當孔武有力，讓人感到一股直逼而來的威猛力量。

　　取名市集廣場，顧名思義，這裡每週一、三、五會有固定擺攤的早市，鮮花、蔬果、麵包、農產製品等吃的用的讓人看得目不暇給，這天適逢週五，我看看腕錶，不到 10 點的廣場上已陸續擺出一些攤位，這時節，秋收的蘋果已成熟出現在水果攤；剛採收的新鮮葡萄串，紫色、綠色都有，每公斤要價 3 ～ 4 歐元，一串串放在小籃子裡，還掛著新

1 木材市場的商家　2 市集廣場　3 黑格爾書店　4 駕車馳騁黑森林公路　5 秋天豐收的蘋果樹

鮮的露珠呢！我看了忍不住買些來嘗，葡萄入口香甜，
汁液飽滿，果肉紮實，十分美味。

　　連接市集廣場有一條東西走向的 Kronenstr.，往東走
不久就能抵達木材市場，昔日車馬喧囂，人群雜沓，木
味飛揚，如今收斂成為一條樸實的街道，開著幾家小店，
我們沿街尋找，找到門牌號碼 5c 的黑格爾書店，白色牆
面的左上角釘著一面銅牌，簡單刻著「1895 ～ 1899 文
學家赫曼‧赫塞曾在此書店工作過」的德文字樣，而右
邊牆面的木製書櫃裡展示著一張赫曼‧赫塞（Hermann
Hesse）年輕時的黑白照片。

　　19 世紀德國文壇巨擘赫曼‧赫塞年輕時曾在圖賓根
就讀，並在這間書店工作過，雖然只有四年的時間，但
還是吸引許多慕名而來的粉絲，前來尋找他留下的翩然
身影。

　　他的出生地就在距離圖賓根不遠的小城卡爾夫，城
裡有座赫曼‧赫塞紀念館，由他出生的房子改建而成。
「大文豪的出生之家將呈現什麼樣的人生風景呢？」我
的心不由得飛往下一段即將踏上的旅程。

是誰忘了帶走昨夜的酒杯？

資訊補給站

▶ 遊客中心

地址：An der Neckarbrücke D-72072 Tübingen

網址：www.tuebingen-info.de

時間：週一至週五 09:00 ～ 19:00，週六 10:00 ～ 16:00；5 月到 9 月週日 11:00 ～ 16:00。

▶ 荷爾德林塔 Hölderlinturm

地址：Bursagasse 6

交通：地鐵 Schlossplatz 下車

網址：www.hoelderlin-gesellschaft.de

時間：週二至週五 10:00 ～ 12:00、15:00 ～ 17:00，週六、週日 14:00 ～ 17:00。

公休：週一

門票：全票€ 2.5、學生€ 1.5

卡爾夫
（Calw）
他的詩情與畫意

卡爾夫的彩色木筋屋

　　想像自己正乘著一部時光機，回到 19 世紀 80 年代的卡爾夫，那時他還年輕，居住在市集廣場邊一棟三層樓高的木筋屋裡。21 歲的赫曼·赫塞當時正在圖賓根的黑格爾書店任職店員，拍了一張極具特色的肖像照，照片裡的他，短髮覆蓋前額，面容清瘦，臉上帶著文藝青年慣有的憂鬱神情，雙眼透過圓形鎳框眼鏡注視前方，一個彷徨的青年，不曉得等在他前方的會是一個怎樣的未來。

　　「我們家是一所古老的大宅邸，宅內有許多空房間，也有會傳出回音的長廊，來自許多世界的光線皆曾交會在這裡，有些人來此祈禱，朗誦《聖經》，也有人來此研習印度語言，許多美妙音樂在此演奏。」1877 年文學家赫曼·赫塞誕生於卡爾夫，他的家庭信奉基督教，祖父及父親皆是牧師，並曾前往遙遠的印度傳教，帶回許多東方文物與見聞，在這樣的家庭環境長大，耳濡目染的赫曼·赫塞，從小就對東方懷有深切嚮往，日後，東方烏托邦式的詩情幻境便不斷出現在他的作品中。

赫曼·赫塞的故鄉

　　卡爾夫地處黑森林北方，位在斯圖加與巴登巴登之間，是一座有冷杉圍繞的小城，外圍有條納戈爾河（Nagold），一座造型古樸的小石橋橫越河上，名喚「尼古拉」（Nikolaus），是卡爾夫最古老的一座石橋。手上的地圖領著我們來到納戈爾河畔，楊柳依依，野鴨戲水，河水流動映著朗朗晴天，還有雲隙間飄忽的光影，單單凝視著這片天

光雲影與自然景色，就是一場感官饗宴。

在尼古拉小教堂（Nikolauskapelle）附近有尊赫曼‧赫塞的銅像，身著西裝，手插褲袋，雙眼凝視著遠方的山色，像是思索著什麼生命與哲學的課題。豐富的大自然總能滋潤人心，打開心靈之眼。「樹木的根幹深入無窮的地底未曾迷失其中，奮起一切力量，堅持一個生命目標：按照各自與生俱來的原則去實踐，呈現自己獨特的體態。」喜愛大自然的赫曼‧赫塞，曾在他的書中寫下對樹的禮讚。我想，卡爾夫周遭的山色林木，一定對他的起伏的人生與思想起了某種程度的影響吧！

走過尼古拉橋，來到的是赫曼‧赫塞廣場，面積不大，有座赫塞側臉製成的浮雕噴泉，環繞廣場四周是幾家販售紀念品的小商店，過了廣場，就能看到市集廣場及卡爾夫教堂（Stadt-kirche），市集廣場路上的 30 號便是赫曼‧赫塞的出生所在地。

納戈爾河

卡爾夫的露天市集

困頓的年少歲月

從小於牧師家庭中長大的赫曼‧赫塞，在父親嚴格的教養下，人生的規劃原本也是朝著成為一位牧師的方向前進，雖然赫塞在年僅 5 歲時，便展露寫詩的才華。13 歲時，他前往圖賓根的拉丁語學校修習拉丁語，為了進入神學院而做準備，同時也持續詩的創作。14 歲時，赫塞考入墨爾布隆學校，讀不到半年便因受不了神學院嚴苛的教育制度而突然離校，放棄學業，之後更因為精神疾病意圖自殺未遂。後來，赫塞轉入高中就讀，沒多久又被退學，只好回到卡爾夫的家中幫忙父親從事牧師工作。坎坷的求學之路與精神耗弱疾病，讓青年赫塞的生活處於一片愁雲慘霧中，然而寫作的熱情卻始終不曾熄滅，一路支持他度過人生的黑暗期。在圖賓根書店工作的那四年，赫塞廣泛地閱讀，自我學

卡爾夫是個寧靜的小鎮

1 樓大廳

習多方面的知識，成為他日後寫作的養分。

　　赫塞作品裡自傳性的色彩濃厚，故事的情節與主要角色大多取材自身經驗，例如描述神學院殘酷生活的小說《車輪下》（Unterm Rad），或是感動無數讀者的《荒野之狼》（Der Steppenwolf）、《流浪者之歌》（Siddhartha）等皆能看出赫塞自身的影子，流露著他的生命歷程。

一個隱形的魔術師

　　赫曼‧赫塞在故鄉卡爾夫斷斷續續居住約二十年，之後，雖然移居瑞士，也曾旅行多國，但他心中最喜歡的還是他的故鄉卡爾夫。根據他的自傳《孤獨者之歌》（Musik des Einsamen）所述，年輕時的赫塞其實最想成為魔術師！

　　「很早以前，我對現實世界就持有一種強烈的排斥態度，有時出之以畏避，有時出之以輕蔑，而在內心裡則存著一股熾熱希望，想用魔術去改變它，轉化它，提升它……而其中，我認為最珍貴且貪慕不已的魔法乃隱形術，即使到了後來，當我長大成人並以搖筆桿為生之後，我亦時常企圖在我作品裡隱形消失。」赫塞的出生之家是一棟有十多個房間的老宅，從小愛幻想的赫塞，家中房間充滿父親、母親從印度帶回來的織品及面紗，讓他覺得「許多老房間的神祕氣息裡都存有魔法」。對年幼的赫塞而言，這些來自遠東的小玩意兒並不屬於現實生活，而魔術讓它們顯得多彩多姿。

　　我推開赫塞家的大門，沿著木板樓梯上 2 樓，一邊想著他的文字，覺得自己好像正走進了他的童年記憶中。

1 赫曼·赫塞銅像　2 赫塞噴泉　3 赫塞手稿　4 隨身後背包

1 赫塞穿過的衣服與用過的物品　2 赫塞用過的顏料　3 年輕時的赫塞　4 赫塞在森林裡漫步

沉醉東法：阿爾薩斯・洛林・香檳

三層樓高的房子如今是赫塞博物館（Hermann-Hesse-Museum），從出生、求學、工作、成家、寫作、旅行至定居瑞士，依據赫塞的人生經歷共分成十個展覽間，展出赫塞不同時期的照片、手稿、書信、繪畫等。其中，最讓我印象深刻的是一幅幅被放大輸出的赫塞照片，它們被設計成一種裝飾物，張貼在門窗或壁板上，因為被放大輸出了，所以看得格外清楚。照片凝結了真實且自然的瞬間，讓觀者得以近距離欣賞這些珍貴的經典影像，彷彿回到赫塞當年生活的時光，跟著照片想像一段過往的故事。

比方說，赫塞正低頭專心書寫的那張照片，讓人感受到他正沉迷於獨自一人創作的自由樂趣中。還有那張老照片，赫塞舒服地翹起腳坐在椅子上，單手托著腮幫子，嘴角還掛著一抹微笑，整張照片流露一股平和愉悅的氣氛，我在心裡猜測：「是剛完成一首新詩創作，心中感到滿足而愉悅嗎？」冷杉森林裡的散步、湖畔小屋旁的沉思、行旅印度的風采……這些真實記錄赫塞人生的照片，都是會發亮的珍貴時刻，緊緊虜獲我的眼與心。

我最喜歡那張赫塞的側身照片，畫面中赫塞已白髮蒼蒼，身著西裝，輕靠石牆，垂下的手上拎著招牌的紳士帽，微仰著側臉面對鏡頭，嘴角泛著淡淡笑容，神態從容安詳。曾歷經兩次精神崩潰進入精神療養院治療，也曾歷經戰爭的動亂、離婚及失去愛子的打擊，我繼續在心裡猜測：「是看透了人世間紛擾的恩怨愛恨才會有那樣深邃而平靜的雙眸吧？」看著那樣的眼神，會讓人在心裡悄悄升起一種溫柔的憐惜與感傷。

我最喜歡這張赫塞照片

赫塞舒服地翹腳坐在椅子上

1 赫塞出版過的書　2 赫塞的書被翻譯成多國文字　3 安迪‧沃荷曾為赫塞設計過海報
4 赫塞曾在黑格爾書店當店員　5 赫塞曾經到過印度旅行

做個快樂園丁

　　以新詩、散文、小說等創作聞名於世的赫塞，還有另一項優秀的才華——繪畫，曾經醉心於繪畫的赫塞，還一度想放棄寫作，轉而當一名職業畫家呢！1919 年赫塞遷居瑞士盧加諾（Lugano），隱居附近的一間小農舍，開墾耕地，栽植花草蔬果，致力打造自己的園藝樂園，過著一種遠離城市，簡樸而單純的自然生活，同時也熱中於水彩畫的創作，替自己出版的詩集或散文繪製插畫，主題大多與生活中的自然山色或花朵植物有關，他的繪畫還為自己增添了不少版稅收入呢！

　　赫塞博物館裡有間展覽室，裡面陳列赫塞在盧加諾時期的照片、水彩畫，連他當年穿戴的衣物、背包、帽子，以及顏料畫具都有，我看著那棉布製成的卡其色後背包，上面還沾著白色顏料呢！總覺得赫塞好像才離開園圃不久，只是將背包暫時擱在藤編的椅子上，等一下就會回來，繼續未完成的水仙、玫瑰或是鳶尾花畫作。

　　「從事園藝的樂趣，大抵與創作的慾望和快感相似，人們可以在一小塊土地上，按照自己的想法及意願去耕耘，種出愛看的顏色、愛聞的氣味，創造出繽紛燦爛的層層色彩。」赫塞曾在文章中如此寫著。我想，那是因為一個園丁所做的事，就像詩人寫詩、畫家繪畫，運用文字或色彩一樣，將這些元素組合起來，讓它們變成美麗的詩篇或畫作。赫塞也能依照自己的意思去創造一塊生氣盎然的田園，自然與創作的結合，讓赫塞的人生更加多彩動人。

資訊補給站

▶ 遊客中心

地址：Sparkassenplatz 2 D-75365 Calw

網址：www.caiw.de

時間：5 月到 9 月週一至週五 09:30 ～ 16:30，週六 09:30 ～ 12:30；
　　　10 月到隔年 4 月週一至週五 09:30 ～ 16:30。

▶ 赫塞博物館 Hermann-Hesse-Museum

地址：Marktplatz 30

時間：4 月到 10 月週二至週日 11:00 ～ 17:00；
　　　11 月到隔年 3 月週二至週四、週六、週日 11:00 ～ 16:00。

公休：週一，11 月到隔年 3 月週五。

門票：全票€ 5、學生€ 3

巴登巴登
(Baden-Baden)
讓你忘了全世界

陽光舒適的散步道

　　「舒軟的熱氣瀰漫在相當古老而略帶回聲的石板地窖，每個地方都流著礦泉湧出來的熱水，浸在浴池裡，我便有一種躲在洞穴裡的那種神祕而安適的感覺。」這段文字出自赫曼‧赫塞寫的札記《溫泉療養客》（Kurgast. Aufzeichnungen von einer Badener Kur）裡，或許是常年伏案寫作的緣故，讓赫塞中年後深受坐骨神經痛之苦，於是他每隔一段時間就會帶著書籍與寫作素材到巴登巴登，固定住在海立根霍夫旅館，進行溫泉療癒，而且一住就是3、4個星期。「我們再度住進一個相當舒服的老飯店，自從我第一次來此療養之後，他們經常歡迎我回家作客，平靜地看著我逐漸老化，乃至變成一個年老紳士。」從赫塞的文字可以發現，在這間安寧舒適的旅館裡，他得到了家庭式的溫暖接待，每次來都住在固定的房間，壁紙、書桌與櫃檯都一直保持原有狀態，這個舒適的臨時住家，讓他安心寫了《東方之旅》（Die Morgenlandfahrt）與《玻璃球遊戲》（Das Glasperlenspiel）的手稿，還完成了幾十首詩的創作。

　　我們離開卡爾夫，在準備前往阿爾薩斯的路上，Daniel看了看車上的電子鐘，時間充裕，就決定在離開黑森林前，順道去赫塞筆下的溫泉療養地巴登巴登走走。

羅馬皇帝也喜愛的溫泉小鎮

　　美國著名作家馬克‧吐溫（Mark Twain）在體驗過巴登巴登的溫泉浴曾說：「5分鐘後你會忘記自己，10分鐘後你會忘記世界。」馳騁的思緒帶出這樣一個畫面——馬克‧吐溫舒服地躺在溫泉熱水中，享受全身藥草浴的滋潤，他身上僵硬的肌肉、關節都放鬆

沉醉東法：阿爾薩斯‧洛林‧香檳

了，坐骨神經痛也跟著消失了……溫泉藥浴讓他感受到前所未有的喜悅與幸福，拋下全身的負擔，舒服得彷彿上了雲端！自古以來，巴登巴登的溫泉療癒就一直受到歐洲王室貴族名流的喜愛，早在 3 世紀，羅馬皇帝卡拉卡拉（Caracalla）揮軍北上，在黑森林與日耳曼人交戰，打到巴登巴登時，意外發現豐富的溫泉，便在此建立溫泉浴場，還經常專程前來享受溫泉，治療長年的風溼病痛。來自地底的溫熱泉質對風溼病、關節炎，以及婦女疾病特別有效，曾經到此治病的王室名人不勝枚舉，例如鐵血宰相俾斯麥、英國女王維多利亞、法王拿破崙三世，還有作家杜斯妥也夫斯基、巴爾札克、音樂家布拉姆斯等，足見此地名氣之響亮。

林蔭幽幽通往布拉姆斯故居

布拉姆斯故居

歐洲夏日之都

　　根據巴登巴登旅遊網站的介紹，它提供給世人的不僅是溫泉療癒而已，還有運動休閒、藝文欣賞等活動可選擇，我隨意瀏覽了一下旅遊推薦，光是藝術文化類就羅列了節慶大劇院、飲泉廳、大劇場、國家藝術館、城市美術館，還有布拉姆斯故居等這些地點，另外更有花園、羅馬遺址、賭場及賽馬場、國家公園、葡萄酒區、遠足路線等，應有盡有，就算不泡湯，來這裡度假，悠悠晃遊山林原野或品酒踏青，也是十分過癮的事。怪不得在歐洲人眼中這裡又有「歐洲夏日之都」的美譽，能吸引許多像赫塞一樣的長住客，定期前來，而且一待就是 3、4 個星期之久。

　　我們此次到來，水療計畫並未列入行程內，原因是那將耗去相當多的時間，只打算用雙腳隨著性子四處看看，再者既然書上將它形容成「歐洲的夏日之都」，就用雙眼去領略它的美，也是提振身體系統的一種方式。

卡拉卡拉浴場

菲特烈浴池

不做溫泉療養客又何妨

　　假如你像我一樣，覺得四處散步遊覽會比泡溫泉有趣的話，那麼巴登巴登確實是一個走起來相當舒服的小鎮，這裡主要的四條街道分別是朗根（Lange）、路易斯（Luisen）、蘇菲（Sophien）與利希騰塔樂（Lichtentaler），也是巴登巴登購物與用餐的主要地段，街道兩側商店密集，餐廳的選擇也很多。我倆邊走邊看，一點也不覺得累，路上觀察的結果，發現這個小鎮似乎流行一種稱為「賽格威」（Segway）的電動代步車，整體構造介於機車與單車之間，有點像玩具車，限單人騎乘，騎乘時身體還會配合行進的速度產生律動，我們發現街上有不少人騎著賽格威，站在它的兩個小輪子上輕巧溜過小街巷弄，輕鬆有趣，也是一種另類玩法。

　　沿著花園與小噴泉點綴的寬闊道路，我們來到巴登巴登著名的溫泉區。水療溫泉最知名的當屬卡拉卡拉浴場（Caracalla Therme）及菲特烈浴池（Friedrichsbad），就建築外觀而言，卡拉卡拉浴場風格現代，透明玻璃裝飾的建築立面充滿度假的悠閒氣息；菲特烈浴池則一派優雅，儼然就是一座古典宮廷，完成於 1877 年，在當年是歐洲最負盛名的豪華浴場。我沒有進去參觀，但單憑欣賞那巍峨的建築體，就可以想像出它的內部陳設應該也是相當華麗細緻吧！

　　我對進入如此富麗堂皇浴池泡澡所需的花費感到相當好奇，趕緊查看一下手中的資料，上面介紹，到菲特烈浴池泡澡 3 小時要價 23 歐元，假如附帶按摩服務需加收 10 歐元，也就是 33 歐元，約合臺幣 1,200 元。「在物價不低的德國，這樣的收費其實並不貴耶！

1 菲特烈浴池入口　2 城裡的小餐館，很精緻　3 巴登巴登市街　4 飲泉廳

順道暢遊——德國黑森林 Der Schwarzwald

1 飲泉廳的壁畫　2 古典長廊　3 在巴登巴登可以充分享受購物樂趣　4 街角小噴泉

　　　沉醉東法：阿爾薩斯‧洛林‧香檳

古典的建築

是一般大眾應該也消費得起的養生活動喔！」下回如果有機會來，一定得多預留些時間，親身體驗看看。

　　行走小鎮街道，街角或廣場偶爾會出現造型古典的小噴泉，經過時總讓我猜想，那些從石人口中流出的嘩嘩泉水是否為可以飲用的溫泉水啊？「這裡是否也像捷克或匈牙利的溫泉小鎮，提供溫泉水給人飲用呢？」走著走著 Daniel 突然提出了這個問題。「當然有！」我接著答，旅遊書指出，飲泉廳（Trinkhalle）內有提供遊客飲用溫泉水，而且是免費的，但所使用的溫泉杯則需要付費。

　　循著花園路徑，我倆來到位在歐斯河畔（Oosbach）的飲泉廳，宏偉的古希臘列柱長廊看起來十分典雅，迴廊牆上裝飾描述黑森林地區傳說的壁畫，吸引來到這裡的人駐足參觀。巴登巴登的遊客服務中心也設在此處，室內有咖啡廳，還有溫泉水供人飲用，是一個讓旅人稍作歇息、蒐集旅遊資訊的地點。

　　就類似在日本舒服地泡完澡總要來頓美食療癒一下胃腸那般，在這裡泡完了通筋活血的溫泉浴後也應該享用一頓美食，或是喝喝啤酒之類的飲料。在巴登巴登臨近市政廳的鬧街，開了許多餐廳，供應道地的黑森林美食，也有來自其他地區的佳餚，當然更少不了德國國飲——啤酒。我在這裡並沒有看到任何一位拄著拐杖或跛行跡象的病人，鎮

1 巴登巴登舒適的公園綠地　2 泡完澡，喝一杯吧　3 小教堂　4 假日的露天音樂會
5 廣場噴泉引人戲水

上多的是腰桿挺直、活力充裕的銀髮老先生或老太太，觀光客來到這裡，神色亦顯得相當從容悠閒，顯然溫泉小鎮健康養生的氣氛是會讓人自動調整步伐，動作溫和起來。

　　在這裡散散步，看看綠草如茵的公園、優美的街道與建築，在白色的涼椅上坐著看人，瞇眼打盹曬太陽，呼吸著曾經療癒過英國女王、法國國王、馬克·吐溫、赫曼·赫塞的空氣……不泡溫泉也行，就只是做這些讓人放鬆、沒有負擔的事就好，自然而然便有種拋卻憂慮之心的療癒效果！我們也加入當地人的行列，坐在有白色遮陽篷的涼椅上，微風輕吹、陽光明朗，長途旅行的疲憊感似乎被眼前悠閒的氛圍與綠色的草皮療癒了！我想，這就是巴登巴登的迷人魅力吧！

資訊補給站

▶ 遊客中心
地址：Trinkhalle
網址：www.baden-baden.de
時間：週一至週六 10:00 ～ 17:00，週日、假日 14:00 ～ 17:00。

▶ 卡拉卡拉浴場
地址：Römerplatz
網址：www.caracalla.de
時間：08:00 ～ 22:00
公休：12 月 24、25 日
費用：2 小時 € 14、3 小時 € 17

▶ 菲特烈浴池
地址：Römerplatz
網址：www.carasana.de
時間：09:00 ～ 22:00
公休：12 月 24、25 日
費用：3 小時 € 23

▶ 飲泉廳
地址：Kaiserallee 3
時間：週一至週六 10:00 ～ 17:00，週日、假日 14:00 ～ 17:00。

特里堡
（Triberg）
咕咕鐘與
黑森林蛋糕

清澈的小溪流經特里堡

　　家裡客廳牆上掛著一座長方形的壁鐘，長長的鐘擺每日打著穩定的拍子，我喜歡聽它那像是節拍器發出的滴答聲，「滴答、滴答、滴答、滴答」清脆的節奏聽起來像是一種貼心的提醒，告訴我時間的存在，別懶散，留意生活步調。

　　方形壁鐘來自黑森林的蒂蒂湖（Titisee），是 Daniel 初次到德國旅行時買回來的紀念品，雖是已有二十多年歷史的老古董，但它那簡潔典雅的造型設計至今看起來依舊耐看，每隔一星期，Daniel 就會仔細幫它上緊發條。

　　「當年在蒂蒂湖看上它買了下來，不放心托運，怕摔壞，就一路捧回臺灣。雖然過程累人，卻很值得啊！」好東西禁得起時間考驗，歷久彌新，用了二十多年的老壁鐘依然準確，已經和我們建立起深厚的情感，那滴答滴答穩定的聲響早已滲入我們的日常，成為生活的一部分了。

布穀布穀咕咕鐘

　　黑森林地區是世界知名的咕咕鐘產地，另外也生產其他設計精良的鐘錶。河水潺潺流過茂密的森林，童話般的村鎮散落在河谷坡地上。春季，林間野花盛開；夏季，參天茂林蔽日；秋季，滿山紅葉浪漫；冬季，白雪覆蓋山頭；一年四季，黑森林處處風光美麗，或許就是由於有這麼優良的地理環境賦予在地居民靈感，因此得以創造出獨特的咕咕鐘。

　　一座小巧精緻的小木屋，每到整點時，木屋上開著的小木窗就會自動打開來，蹦出

特里堡大街

街上的麵包店

一隻布穀鳥，「布穀布穀」地報時，小屋旁的水車磨坊跟著轉動，居住在黑森林的居民在音樂聲中，載歌載舞，歡慶豐收，搖搖欲墜的紅色果實掛滿了櫻桃樹，原野上充滿芳香。報時完畢，布穀鳥被小木窗收了回去，音樂聲也停下來，黑森林又重回神祕的靜謐。一件雕刻精緻的咕咕鐘就像栩栩如生的藝術品，向人述說著來自黑森林的童話故事。

神祕黑森林

　　春天的風微微吹拂，穿過樹林，搖晃樹葉，好像打著什麼暗號，傳遞我不知道的神祕訊息。我們駕車在林間小路穿梭，隨著下坡路彷彿靠近了一座小村落，爬坡時村落卻又漸漸遠離。清澈的小溪，傳來舒服的流水聲，沿著道路而流。這地區四周被高挺的冷杉包圍，樹林裡靜悄悄地沒有一點聲音，我坐在車裡望向林深處，忍不住對專心開車的Daniel 説：「裡面可能躲著什麼女巫、小熊或動物之類的，正看著我們開車通過哩！」

　　駕車在黑森林地區的山路上，四周都是高大挺拔的冷杉，以前我總好奇黑森林地名的由來，今日置身其中，深刻感覺到黑森林的幽深與巨大。這一帶絕大多數是冷杉，一株接著一株，緊密相連，枝葉遮天蔽日，倘若走在其間的小路，抬頭幾乎望不見天空，人彷彿籠罩在一片黑色之中，陽光照不到的深綠色樹叢遠看幾近墨黑，怪不得叫做「黑森林」！

　　德國人酷愛戶外活動，將蔓延在萊茵平原的這片廣褒森林視為上帝賜予的寶物，春天可以郊遊踏青，夏天可以野營溯溪，秋冬就是賞楓滑雪的好時節。漫步開滿野花的黑森林小徑，入住舒適的小木屋，遠離都市塵囂，樂當閒雲野鶴，快活似神仙！光是這樣想著，就對該處心生嚮往，森林撫慰了疲憊的心靈，煩惱與憂傷都可以暫時拋諸腦後。

1 黑森林地區的典型建築　2 特里堡街景　3 店招牌

咕咕鐘的故鄉都是販售咕咕鐘的商店　　　　童話故事鐘

咕咕鐘的原鄉

　　特里堡是位在黑森林中心的小鎮，從阿爾薩斯科瑪開車過來，大概需要 2 小時左右的時間，小鎮不大，四周有青翠的山林環繞，早在 19 世紀初，這裡就聚集著大約 600 多家的咕咕鐘手工製造者，成為咕咕鐘最大的製造地。我從蒐集到的資料得知：「世界上最早的咕咕鐘發明者是一對生於 17 世紀名叫庫茲的兄弟，他們發明了第一座木架時鐘。18 世紀中葉一位名叫凱爾特的先生又發揮巧思，運用風箱原理設計出與布穀鳥叫聲相似的鐘聲，第一座咕咕鐘於是誕生了，並且迅速在黑森林地區流傳開來，帶動此區的時鐘工業。由於黑森林地區冬季漫長，當地居民在農閒之餘便以木頭為材料，製作許多有用的器械與工藝品，在皚皚白雪覆蓋的木屋中做好咕咕鐘，等到春暖花開的時節，穿起特殊的工作服揹著時鐘到各處販售。」書上的這段文字，讓我對咕咕鐘的發明簡史有了認識，人類和其他自然界的動物一樣，擅長利用環境生存並創造出獨特的文化，而黑森林的咕咕鐘便是這種情況下的文化產物吧！

　　特里堡的停車場頗大，想必是因應夏天旺季到來的觀光客而設。走出停車場，最先映入眼簾的幾座仿南美復活節島上的摩艾石像，乍看令人納悶。「這雕像怎麼跑到這裡來了？」可再仔細看，雕像頭上裝飾著幾個色澤鮮紅的大圓球，看了令人不禁莞爾。「那紅色的圓球應該是黑森林地區的櫻桃果吧！」把兩件不相關的事物結合起來，製造出一種衝突效果，這就是藝術有趣的地方。「是啊！櫻桃是黑森林地區的名產，等一下我們就要去鎮上一家相當知名的蛋糕店，品嘗它的鎮店之寶，黑森林蛋糕喔！」聽我這麼說，Daniel 的雙眼馬上亮了起來。

1 仿南美復活節島的摩艾石像　2 揹著咕咕鐘到各處販售　3 超大的咕咕鐘屋　4 各種手工雕刻的咕咕鐘

有趣的設計讓人愛不釋手

　　我們走在特里堡發現，這裡真是個道道地地的小鎮，一條主幹道（Hauptstrabe）貫穿小鎮，主要商店、旅館、餐廳都開在兩側，商店賣的東西很多，有登山健行裝備、木雕擺飾、日常用品，當然最多的就是揚名四海的咕咕鐘。

　　鎮上最醒目的一家咕咕鐘專賣店，號稱店內有一千座咕咕鐘，店鋪外觀設計成咕咕鐘的小木屋樣式，還有一隻木刻小熊懸掛窗外，調皮的模樣極富童話感。我們走進去逛了逛，那些掛在牆上、擺在架上的咕咕鐘把整間店都占滿了，各式各樣、各種大小、手工雕刻的咕咕鐘讓人看得眼花撩亂，有趣的設計更是讓人愛不釋手。欣賞之餘，我突然想到，倘若店裡一千個咕咕鐘的布穀鳥齊聲報時，那聲音肯定會響徹整個特里堡吧！

　　然而，可愛的咕咕鐘也並非人見人愛。據說，幽默風趣的美國作家馬克·吐溫就相當受不了咕咕鐘單調的叫聲，一聽就煩，說那聲音是一種疲勞轟炸，甚至還想了一個鬼主意，買個咕咕鐘送給他很討厭的人，讓布穀布穀的叫聲吵得他神經衰弱！他的「咕咕鐘復仇計」聽起來真是饒富奇趣，因此又為咕咕鐘平添了一段軼事。

舍費爾蛋糕店

黑森林蛋糕

夏天一到，又是漿果熟紅的季節，草莓、紅莓、黑莓與櫻桃，閃著寶石般鮮豔的色彩，可新鮮食用，也可調製果醬，滋味酸甜清新，著實是讓人無法抗拒的夏日甜蜜滋味。

黑森林地區是德國最大的黑櫻桃產地，成熟的黑櫻桃個頭嬌小，飽滿亮麗，串串垂墜櫻桃樹上，把枝幹都壓彎了！滿園的櫻桃香氣，簡直誘人犯罪，好想偷偷溜進去摘一把來嘗。櫻桃採收時節到來，黑森林地區的居民會將採下來的櫻桃果製成果汁、果醬，或是釀成櫻桃酒，口味各有千秋，從早上抹麵包的果醬，午間的飯後水果，下午茶時的櫻桃派，一直到晚餐時的開胃酒，黑櫻桃似乎深深融入當地居民的生活中。1915 年一位腦筋動得快的糕點師傅喬瑟夫‧凱勒（Josef Keller），靈光一閃，將黑櫻桃、櫻桃酒、巧克力、鮮奶油、薄脆餅等幾種材料結合起來，發明了一種黑森林蛋糕（它的全名為「黑森林櫻桃奶油蛋糕」）。如今，黑森林蛋糕幾乎已成為德國蛋糕界的代表。

作為地方特產的黑森林蛋糕，大家想必一點也不陌生，一顆顆櫻桃鋪排在一層又一層的蛋糕中，外層塗上厚厚鮮奶油，接著撒上細碎的巧克力屑，最後再以幾顆豔紅的櫻桃果實點綴，這就是所謂的黑森林蛋糕。

舍費爾店內一景　　　　　　　　　介紹黑森林蛋糕由來的簡介

最正宗的老店

　　位在特里堡大街 33 號的糕點老鋪舍費爾（Café Schäfer）相當知名，創立於 1867 年，該店的鎮店之寶為黑森林蛋糕，雖然黑森林蛋糕在德國到處都有，但舍費爾的特別有名，原因在於，該店號稱他們的創始人奧古斯特‧舍費爾（August Schäfer）是黑森林蛋糕發明者喬瑟夫‧凱勒的嫡傳弟子，手上握有祖師爺調配的黑森林蛋糕原始配方。又是原始配方、又是百年老鋪的，嘗起來究竟是什麼滋味啊？循著地址來到店門口，最經典的元祖黑森林就在眼前，怎能放過？不論如何也要進去品嘗。

　　我倆坐定後，想都不用想就點了兩塊黑森林蛋糕，一塊要價 6 歐元，再加上兩杯卡布其諾咖啡，兩個人共花了 20 歐元左右，實在不便宜呢！等待蛋糕上桌的空檔，又將手上關於黑森林蛋糕的資料瀏覽一下，上面記載著一段關於黑森林蛋糕名稱由來的說法，我覺得相當有趣。「關於黑森林蛋糕名稱的由來，有著兩種不同的說法。一說是因蛋糕上撒著巧克力碎屑讓人聯想到黑色的森林，而蛋糕的重要配料櫻桃酒又是黑森林的特產，因而得名。另一說就更有趣了：因為蛋糕的外型酷似黑森林地區的傳統民族服飾，黑色巧克力屑是黑裙子，白色奶油是白襯衫，而紅色櫻桃則是婦女頭上戴的紅絨球帽。」小小的典故傳說與想像，往往讓美食在齒舌廝磨之間更添滋味。原來，那紅黑白三種色彩象徵著黑森林地區在地的服飾風情呢！

　　等待的時間並不長，我們的黑森林蛋糕上桌了，最道地、最原始、最經典的滋味究竟如何？我倆迫不及待地趕緊品嘗，答案是，真的好美味！一層鮮奶油一層蛋糕，我仔細數了一下，層層疊疊共六層，口感輕柔的鮮奶油一點也不膩，蛋糕綿密鬆軟，而最深

1 黑森林蛋糕外觀其實很樸素　2 正宗黑森林蛋糕　3 木刻小熊是醒目的店招牌
4 特里堡街上的店招牌也極具設計感

黑森林的步道指標

得我心的櫻桃酒在口中釋放出濃郁芬芳，還有最底層爽脆的薄脆餅，啊！果然是名店，遵照傳統配方，沒有壞了祖師爺的名聲。

我們結帳後，準備離去前，一位頭戴廚師白色高帽、身穿白袍的老師傅突然從廚房現身，面帶笑容對櫃檯服務生交代了幾句話，一下子又隱身於廚房裡。

「那個人好像就是第三代的傳人克勞斯・舍費爾（Claus Schäfer）哩！」我馬上對照店內張貼宣傳海報上的人像，更確定了想法。

那令人回味的黑森林蛋糕就是他所做，真是這家店名副其實的鎮店之寶呢！

 ## 資訊補給站

▶ **Café Schäfer**
地址：Haupstrabe 33

交通方式

如何前往阿爾薩斯／洛林／香檳

阿爾薩斯

搭乘從臺北飛往法國巴黎的飛機，再從巴黎 CDG 機場或 ORY 機場搭機轉往史特拉斯堡，約 1 小時。也可從巴黎東站搭 TGV 前往史特拉斯堡或科瑪，約 2 小時 30 分鐘。

洛林／香檳

從巴黎東站搭 TGV 往南錫，約 1 小時 40 分鐘；往蘭斯，約 45 分鐘。

如何前往黑森林？

搭乘從臺北飛往德國法蘭克福的飛機，再從法蘭克福搭乘 ICE 特快列車前往斯圖加，約 1 小時 20 分鐘。

自行租車

Step 1 ▶ 辦妥國際駕照

辦照時必須攜帶身分證、護照、2 吋照片（2 張）等到監理所辦理，已持有國際駕照者，請注意有效期需 6 個月以上。

Step 2 ▶ 租車手續

租車可至當地機場的租車櫃檯，或是行前先上租車公司網站預訂，大型連鎖租車公司包括 Hertz、Avis、Europcar 等，不論是車種、車型、價格等，可供選擇的條件極多。請特別留意，假日或旺季臨時到櫃檯租車可能租不到想要的車款，因此建議在臺灣就先上網租車（www.hertz.com、www.Avis.com、www.Europcar.com;www.rentalcars.com）。租車時可選擇 A 地租車，B 地還。

至於到當地機場的租車櫃檯取車時，需備妥護照、國際駕照、信用卡（先預刷金額，等還車時才有確定的帳單），已預約好車子者需出示訂車單。

買保險，省煩惱

在人生地不熟的國外開車，建議購買保險以省去煩惱，例如第三責任險、竊盜險、車損險等，其餘可視個人情況增加。到場租車時，通常櫃檯人員會出示一份租車合約，請仔細確認內容（保險、租金都寫在合約裡）後再簽名，如果駕駛人不止一人，記得也要填寫其他駕駛人的姓名，然後服務人員會將車鑰匙及一份合約書交給你，如此便完成租車手續。

實用資訊

旅遊網站

· 阿爾薩斯旅遊官網　www.tourisme-alsace.com
· 法國美村官網　www.villagesdefrance.free.fr
· 法國花村官網　www.villes-et-villages-fleuris.com
· 法國官方旅遊網站　www.france.fr
· 萊茵河上游旅遊網站　www.tourisme67.com
· 萊茵河下游旅遊網站　www.haute-alsacetourime.com
· 阿爾薩斯葡萄酒工會　www.vinsalsace.com
· 德國官方旅遊網站　www.germany.travel

氣候

· 法國阿爾薩斯雨量少，氣候偏乾。冬季寒冷，會降雪；夏天高溫炎熱，但繁花盛開，多彩宜人。因此，旅遊時節建議可安排在春、夏、秋三季。
· 德國黑森林地區冬季嚴寒，會降雪；夏季涼爽。因此，旅遊時節安排在春、夏、秋三季皆宜。

購物

· 史特拉斯堡新市鎮有拉法葉及春天兩大百貨公司，可買到法國名牌商品。另外，科瑪、盧米斯等城鎮也開設許多特色商店，提供喜愛逛街購物的遊客到此消費。當日在同一間商店購物滿 175 歐元可辦理退稅，退稅金額約 13％。

· 德國黑森林地區最大的城市為斯圖加，市內有歐洲名牌精品店及購物中心，當日在同一間商店購物滿 25 歐元可辦理退稅，退稅金額依購物金額及品項而不同，一般而言，介於 10 ～ 14％之間。

節慶

· **樂師節**：9 月第一個週六、週日於阿爾薩斯的希伯維利舉行樂師節，所有參與節慶的遊行樂隊，會身著中世紀服裝，在村子裡廣場進行表演，場面相當熱鬧。
· **耶誕市集**：11 月下旬到 12 月，阿爾薩斯境內酒鄉之路沿途的村鎮皆有耶誕市集登場。其中，以史特拉斯堡、科瑪、凱斯堡等地的耶誕市集名聞遐邇。詳情請參閱阿爾薩斯耶誕市集官網（noel.tourisme-alsace.com/fr）。
· **聖尼可拉紀念日**：12 月第一個週六、週日於南錫舉辦聖尼可拉紀念日，華麗的耶誕遊行隊伍繞遊市區，熱鬧非凡。

阿爾薩斯旅程規劃建議

下列三款旅程規劃，適合初次前來阿爾薩斯的旅人，以阿爾薩斯最主要的兩大城鎮史特拉斯堡及科瑪為主，自由搭配附近的村落及自然景點。

旅程規劃一：主要城鎮 2 日遊

天數	行程
史特拉斯堡 2 日遊	
Day 1	上午：小法國及舊城區漫遊 下午：參觀史特拉斯堡聖母院、盧昂宮美術館
Day 2	上午：乘船暢遊伊爾河、伊爾河畔漫步 下午：新市鎮逛街購物
科瑪 2 日遊	
Day 1	上午：乘船漫遊小威尼斯及參觀科瑪市場 下午：科瑪舊城漫步
Day 2	上午：參觀菩提樹下美術館、巴爾托蒂之家等 下午：搭乘小火車輕鬆瀏覽科瑪市區

旅程規劃二：主要城鎮 4 日遊

天數	行程
Day 1	上午：史特拉斯堡小法國及舊城區漫遊 下午：參觀史特拉斯堡聖母院、盧昂博物館
Day 2	上午：乘船暢遊史特拉斯堡伊爾河、伊爾河畔漫步 下午：新市鎮逛街購物
Day 3	上午：參觀史特拉斯堡近郊古城歐根尼斯堡 下午：乘船漫遊小威尼斯、科瑪舊城漫步
Day 4	上午：參觀菩提樹下美術館、巴爾托蒂之家等 下午：搭乘小火車輕鬆瀏覽科瑪市區

旅程規劃三：大城小村 5 日遊

天數	行程
Day 1	上午：史特拉斯堡小法國及舊城區漫遊 下午：參觀史特拉斯堡聖母院、盧昂宮美術館
Day 2	上午：乘船暢遊史特拉斯堡伊爾河、伊爾河畔漫步 下午：新市鎮逛街購物
Day 3	上午：參觀史特拉斯堡近郊古城歐根尼斯堡 下午：乘船漫遊小威尼斯、科瑪舊城漫步
Day 4	上午：參觀菩提樹下美術館、巴爾托蒂之家等 下午：搭乘小火車輕鬆瀏覽科瑪市區
Day 5	漫遊酒鄉之路艾古斯漢、希格維爾、凱斯堡、希伯維利等知名小村

更多詳細的旅遊資訊及行程規劃，有興趣者可上阿爾薩斯旅遊官網 (www.tourisme-alsace.com) 查詢。

香檳＋洛林＋阿爾薩斯＋黑森林 12 日自駕遊路線規劃建議

天數	行程
Day 1	臺北抵達巴黎
Day 2	從巴黎前往蘭斯觀光
Day 3	上午：從蘭斯到南錫　下午：南錫觀光　再前往史特拉斯堡
Day 4	史特拉斯堡一日觀光
Day 5	前往科瑪，一日觀光
Day 6	酒鄉一日觀光
Day 7	上午：駕車至弗萊堡觀光　下午：全特里堡觀光
Day 8	上午：圖賓根觀光　下午：斯圖加觀光
Day 9	上午：斯圖加觀光　下午：卡爾夫觀光
Day 10	上午：巴登巴登觀光　下午：回史特拉斯堡
Day 11	史特拉斯堡回巴黎
Day 12	巴黎回臺北

國家圖書館出版品預行編目資料

沉醉東法：阿爾薩斯‧洛林‧香檳 / 李宗芳 文；蕭
順益 攝影． -- 初版． -- 臺北市：華成圖書，
2016.04
面；　公分． --（自主行系列；B6181）
ISBN 978-986-192-276-8（平裝）

1. 遊記 2. 法國

742.89　　　　　　　　　　　　　105001618

自主行系列　B6181

沉醉東法：阿爾薩斯‧洛林‧香檳

作　　者／李宗芳‧蕭順益

出版發行／華杏出版機構
　　　　　華成圖書出版股份有限公司
　　　　　www.far-reaching.com.tw
　　　　　11493 台北市內湖區洲子街 72 號 5 樓（愛丁堡科技中心）
　　　　　戶　名　華成圖書出版股份有限公司
　　　　　郵政劃撥　19590886
　　　　　e-mail　huacheng@farseeing.com.tw
　　　　　電　　話　02-27975050
　　　　　傳　　真　02-87972007
　　　　　華杏網址　www.farseeing.com.tw
　　　　　e-mail fars@ms6.hinet.net
　　　　　華成創辦人　　郭麗群
　　　　　發 行 人　　蕭聿雯
　　　　　總 經 理　　熊 芸
　　　　　法 律 顧 問　　蕭雄淋‧陳淑貞

　　　　　總 編 輯　　周慧珢
　　　　　企 劃 主 編　　蔡承恩
　　　　　企 劃 編 輯　　林逸叡
　　　　　執 行 編 輯　　張靜怡
　　　　　美 術 設 計　　林亞楠
　　　　　印 務 專 員　　何麗英

定　　價／以封底定價為準
出 版 印 刷／2016年4月初版1刷

總 經 銷／知己圖書股份有限公司
　　　　　台中市工業區30路1號　　電話　04-23595819　　傳真　04-23597123

☺讀者回函卡

謝謝您購買此書,為了加強對讀者的服務,請詳細填寫本回函卡,寄回給我們(免貼郵票)或 E-mail至huacheng@farseeing.com.tw給予建議,您即可不定期收到本公司的出版訊息!

您所購買的書名/_____ 購買書店名/_____

您的姓名/_____ 聯絡電話/_____

您的性別/□男 □女　　您的生日/西元_____年____月____日

您的通訊地址/□□□□□_____

您的電子郵件信箱/_____

您的職業/□學生 □軍公教 □金融 □服務 □資訊 □製造 □自由 □傳播
　　　　　□農漁牧 □家管 □退休 □其他

您的學歷/□國中(含以下) □高中(職) □大學(大專) □研究所(含以上)

您從何處得知本書訊息/(可複選)

□書店 □網路 □報紙 □雜誌 □電視 □廣播 □他人推薦 □其他

您經常的購書習慣/(可複選)

□書店購買 □網路購書 □傳真訂購 □郵政劃撥 □其他_____

您覺得本書價格/□合理 □偏高 □便宜

您對本書的評價(請填代號/ 1.非常滿意 2.滿意 3.尚可 4.不滿意 5.非常不滿意)

封面設計_____ 版面編排_____ 書名_____ 內容_____ 文筆_____

您對於讀完本書後感到/□收穫很大 □有點小收穫 □沒有收穫

您會推薦本書給別人嗎/□會 □不會 □不一定

您希望閱讀到什麼類型的書籍/_____

您對本書及我們的建議/

廣 告 回 信
台 北 郵 局 登 記 證
台 北 廣 字 第 0 0 0 5 2 6 號
免 貼 郵 票

華杏出版機構

華成圖書出版股份有限公司　收

11493 台北市內湖區洲子街 72 號 5F（愛丁堡科技中心）
TEL/02-27975050

（沿線剪下）

（對折黏貼後，即可直接郵寄）

 本公司為求提升品質特別設計這份「讀者回函卡」，懇請惠予意見，幫助我們更上一層樓。感謝您的支持與愛護！

www.far-reaching.com.tw　　　請將　B6181　「讀者回函卡」寄回或傳真 (02) 8797-2007